全国中小学有效教学模式指导丛书

丛书主编　赵亚夫

CHUZHONG SIXIANGPINDE
YOUXIAO JIAOXUE MOSHI

初中思想品德
有效教学模式

康维铎　岳中峰　主　编　张初平　刘天才　副主编

北京师范大学出版集团
BEIJING NORMAL UNIVERSITY PUBLISHING GROUP
北京师范大学出版社

图书在版编目(CIP)数据

初中思想品德有效教学模式/康维铎，岳中锋主编．—北京：北京师范大学出版社，2014.7（2014.8 重印）
（全国中小学有效教学模式指导丛书）
ISBN 978-7-303-14627-7

Ⅰ.①初… Ⅱ.①康… ②岳… Ⅲ.①思想品德课—课堂教学—教学研究—初中 Ⅳ.①G634.202

中国版本图书馆 CIP 数据核字(2014)第 056389 号

营销中心电话　010-58802181　58805532
北师大出版社高等教育分社网　http://gaojiao.bnup.com
电子信箱　gaojiao@bnupg.com

出版发行：北京师范大学出版社 www.bnup.com
北京新街口外大街 19 号
邮政编码：100875
印　　刷：北京中印联印务有限公司
经　　销：全国新华书店
开　　本：170 mm×230 mm
印　　张：9.25
字　　数：167 千字
版　　次：2014 年 7 月第 1 版
印　　次：2014 年 8 月第 2 次印刷
定　　价：18.00 元

策划编辑：李　志　　　责任编辑：戴　铁　王　林
美术编辑：焦　丽　　　装帧设计：小吴设计
责任校对：李　菡　　　责任印制：陈　涛

初中思想品德有效教学模式

编　委　会

总　序

在很久以前，有一所为了应付新世界的变化，以造就英雄为教育目的的动物学校。教学目标便是克服所有动物与生俱来的缺点。为此，学校设置了跑、跳、爬、飞、游泳等课程，期望把每一种动物都培养成全能型动物。学校的办学理念是：大家都是英雄！谁也没有弱点！因此，每个进学校的动物都必须修完全部课程。

鸭子是游泳能手，飞行水平也就刚刚及格，跑的能力极差。于是，它必须拼命地加课以强化跑的技能，直到它把脚都跑烂了，跑的成绩仍长进不大。不过，学校认为，这个成绩还可以接受。但是，鸭子愈加担心，因为它可能再也没有什么可以骄傲的强项。

兔子是另一个类型。它跑得极快，可不会游泳。老师要它拼命地练习游泳，由于过度训练，最终导致它精神崩溃。

松鼠爬得飞快，却没有飞行的本领。老师不让它爬到树上，而是飞上树。在飞行课上，它一再受挫，使自己最后的一点自信也丧失了。同样的老师，还超负荷地训练了马，让马专注于爬行。结果，马在爬行课上勉强得了个C的成绩。然而，由于过度训练爬行，马最擅长的跑，成绩却是个D。

鹰是个问题学生。在爬行课上，它最终打败了所有对手立了大树的顶端。但是，取得这样的成绩，并不是老师教的——尽管老师总是对它严加管教，它却始终坚持自己的方法，才保持了骄人的成绩。

草原鼠没有上这所学校，因为学校没有打洞的课程。结果是，它们依然能够把自己的后代个个训练成专门打洞的能手。再后来，还创办了自己的私立学校。①

显而易见，动物学校是失败的。究其主要原因：一是它的教育目的和理念是空想的，以致教学无效；二是它的教学目标是学生不可能做到的，即便有低

---

① Fred Stopsky, Sharon Shockley Lee, Roy Tamashiro. *Social Studies in a Global Society*. Delmar Publishers Inc., 1994. 3

效的例子，也是耗费了太多的教育成本，本质上依然是无效教学。

要彻底告别动物学校，深挖学科教学内涵，提高教学质量，需要推进和实现有效教学。从操作的角度简单表述有效教学，可以用“简洁、多样、生成、意义”八字概括。“简洁”是指教学目标简单明了，该引导学生做什么、做到什么程度一目了然；教学设计结构明朗、层次清晰，怎样引导学生去做、做了或可发生的结果一目了然。“多样”是指营造开放的学习环境，引导学生多角度、多方面地进行探究活动。“生成”是指多样化的学习活动，理应促成学生的独立思考和自我建构，既然有效的教学活动的出发点和立脚点都在学生身上，教学活动本身就是引发学生提出问题和解决问题的过程。“意义”是指教学生成的结果是有意义的，即学生的进步或发展能够显见于他们的表现，既包括时下的外在行动，也包括潜在的内化过程。

我们强调把握有效教学的核心标准和操作规程，希望一线教师在实践中自我创新。为此，在编写体例方面，采用更适宜培训和自修的学习板块，帮助教师们对有效教学有更为整体的认识，以便自觉地去超越固有的教学观念，把教学中蕴含的行动智慧与力量还给学生。在编写方法方面，由问题切入、案例指引、策略运用、教学建议构成具体内容，以便教师们更容易从操作的层面理解有效教学。我们期望这套丛书，能够让教师们一看就懂、一用就灵。

我们对丛书编写强调“一个意图”和“三个视点”。

“一个意图”是为教师们“减负”提供一条途径。当然，“减负”不是不要学习，而是减去不必要的学习负担，包括各种有形的和无形的压力和无效工作，其目的是提高教学质量。为此，这套丛书力图做到：(1)精选问题和案例，尽可能减少教师们在探索有效教学过程中的困难，强化有效教学的核心观念；(2)纠正过度备课、过度使用资源和活动的现象，尽可能帮助教师们找到简便易行、效率高、效益好的办法进行教学；(3)理论结合实践，尽可能通过小文本读物呈现丰富且实用的内容，使之成为有学习价值的“备案图书”。

“三个视点”是“速成”“速立”“速用”。“速成”，即让教师们能够很快掌握有效教学原理；“速立”，即让教师们能够运用有效教学原理，进行有效的教学设计，做一个有效教师；“速用”，即让教师们能够运用各种有效的学习指导技能，完成学生的有效学习。

赵亚夫

2014 年 2 月 18 日

目录

CONTENTS

第一章
有效教学目标的设计与实施策略

引言：教学目标的真正价值

课程标准的修订既是课程改革的出发点，又是课程改革的最终落脚点。课程目标作为课程标准的重要内容，体现了国家对学生的知识与技能、情感、态度以及价值观方面的基本要求。《义务教育思想品德课程标准(2011年版)》(以下简称新《课标》)是国家对公民素质教育中思想政治素质、道德素质和社会科学文化素质目标的具体化，它规定思想品德课教师实际的教育教学行为，并从根本上界定课堂教学的有效性。

教学目标以课程目标为纲，是引领教学具体行为的旗帜，指明了学科教学行为的努力方向。科学地制订教学目标有利于课程目标的实现，有利于实现教学行为的科学化、合理化；同时，教学目标也是检查课堂教学行为有效与否的重要依据。在平时的学科教学中，不少教师对教学目标编制的重要性认识不足，有的教师混淆课程目标和教学目标，将宏观目标直接当作微观目标，制定出的教学目标大而不当；有的教师的教学目标表述不清，主客体不分；有的教师照搬照抄教学参考书，使教学目标脱离实际教学情况……种种不当的行为，导致低效甚至是无效的思想品德课堂的出现，这些都不利于思想品德课的正常开展，最终不利于学生的发展。

案例指引一："知耻近乎勇"的教学目标①

【情感、态度与价值观】

(1)培养个人勇于承认错误、改过自新、对他人和社会履行应尽义务的态度。

(2)树立在个人交往和社会生活中讲道德、负责任的价值观。

(3)增强自尊、自信、自立、自强精神，把个人的荣辱与对国家、民族的责任感结合起来，树立为民族复兴和祖国富强贡献力量的理想。

【知识与能力】

(1)知道什么是自尊，知耻，了解自尊与自傲、虚荣的不同。

---

① 顾润生．教学目标：实然与应然之间的距离．思想政治课教学，2010(12)：20～23

(2)知道自尊、知耻是个人良好品德素质的重要组成部分，是中华民族传统美德的重要内容。

(3)培养个人的知耻之心，提高辨别善恶、荣辱、是非的能力。

目标评述

该教学目标表面看起来层次清晰，三维目标齐全，但仔细分析会发现存在以下两个问题。

第一，情感、态度价值观目标“大”且“空”，忽视了目标的可达成度。在该案例中，教师对“知识与能力”目标的设计比较合理，而“情感、态度与价值观”目标则呈现“大”且“空”的状态。仅仅依靠一节课，教师要培养学生“对他人和社会履行应尽义务的态度”“树立讲道德、负责任的价值观”“增强自尊、自信、自立、自强精神”“树立为民族复兴和祖国富强贡献力量的理想”等。这样宏大的教学目标在短短的一节课内是不可能达成的。教学实际告诉我们，即使是一学期也不可能完成这个宏大的任务。“大”且“空”的教学目标，看上去很美，然而不能实现就是“水中月”“镜中花”。

以研究行为目标著称的马杰在《程序教学目标的编写》①中提出，一个完整的教学目标应该包括三个要素，即行为、条件、标准。据此，我们可以将“知耻近乎勇”的情感、态度与价值观目标做这样的调整：“有知耻意识和观念，能在日常生活中经常反思自己的行为，能做到知错就改。”在这里，“在日常生活中”是条件要素，“反思自己的行为”是行为要素，“能做到知错就改”是标准要素。这样的教学目标就很具体，教师和学生经过一节课的努力有可能达成。

第二，把三维目标割裂为三种目标，忽视了其内在的有机联系。“三维目标”与“三种目标”表面上看只有一字之差，其含义和要求却有着本质的区别。余文森教授认为：“知识与技能”“过程与方法”“情感、态度和价值观”是新课程目标的三个纬度，而不是三种目标，就像一个立方体的长宽高一样。“三维目标”强调教学目标是由有机联系的三个方面组成，在书写教学目标时分为三个方面，在实际教学中却是一个整体；而“三种目标”则把教学目标分割成相互独立的三个目标，没有看到彼此之间的内在联系，有的教师在教学时甚至就是按照三个不同的目标去逐个落实的。

在上述案例中，“知识与能力”目标比较平实，而“情感、态度与价值观”目标一下子被拔得太高，脱离了“知识与能力”这个基础，导致三维目标被割裂了。在设计教学目标时，我们要有整体意识，看到在思想品德课教学中，知识传播是基础，能力培养是手段，它们是实现思想品德课程价值所不可或缺的，但思想品德课程的最终目标并不仅仅是掌握知识和培养能力，还要实现情感、态度与价值观的引领。

① 皮连生．学与教的心理学(高等师范院校教材)修订本．上海：华东师范大学出版社，1997：228～229

案例指引二："有朋自远方来"的教学目标[①]

【知识与能力】

(1)了解文化的多样性和丰富性。

(2)领会因文化的不同而导致行为方式的差异，使自己在对待这些差异时持有正确的态度并能采取正确的应对方法。

(3)了解不同文化，学习它们的优点，做到取其精华弃其糟粕。

(4)学习一些与具有不同文化观念的人交往的原则和方法，并"学会与世界各国人民友好交往，互相尊重、互相学习"。

【情感、态度与价值观】

(1)使学生对本民族文化有强烈的自豪感，同时又尊重其他民族的文化。

(2)能够以平等的态度积极地与其他民族和国家的人民友好交往，拥有开放的心态。

目标评述

总的来看，这一课的教学目标层次清晰、三维目标齐全；但仔细分析，也有不妥之处。

第一，学习主体可能错位了。对于大中城市的学生而言，他们可能经常接触外国人，在教学目标设计时，教师可以确定"学会与世界各国人民友好交往，互相尊重、互相学习""能够以平等的态度积极地与其他民族和国家的人民友好交往，拥有开放的心态!"这样的教学目标；而对于小城镇及农村的学生来说，他们接触外国人的机会不多，缺少感性认识和相关生活经历，教师就应该确定"了解与世界各国人民友好相处应有的基本礼仪和礼节，做好将来与外国友人交往的准备"这样一个目标。表面上看，把"学会"调整为"了解"区别不大，实际上，"了解"与"学会"在教学要求上的差别是较大的，处于教学目标的不同层次。在备课时，教师如果不认真思考，不区分教学对象的差异，仅仅从教参上"复制"教学目标，就可能脱离自己所教学生的实际，往往导致教学结果不尽如人意，更背离了教学目标的要求。

第二，教学内容过于烦冗。通过一个单元的学习，学生不仅要了解不同的文化，还要分清"精华"与"糟粕"，甚至还有积极实践的要求。客观地说，这样的教学目标有超纲之嫌。美国小学生的一句话说得好，"我的手很小，请不要放太多的东西。"

一、依据新《课标》追求的思想品德教学

教育部颁发的《基础教育课程改革纲要》指出：国家课程标准是教材编写、教

① 本案例由江苏省高邮市临泽中心学校居锦贵提供。

学、评估和考查命题的依据，是国家管理和评价课程的基础。依此，我们把教学目标在教学和教学设计中的作用概括为“导教”“导评”和“导学”三个方面。

第一，引导教学程序、学习方法、技术和媒体的设计和运用。教学目标一经确立，教学设计者(教师)就可以根据教学目标选用适当的教学方法、设计合理的教学进程。在思想品德课上，如果教学目标要求侧重于知识或结果，则宜采用接受学习，与之相应的教学方法是讲授法；如果教学目标要求侧重于过程或探究知识，则宜选择发现学习法；如果教学目标要求侧重于情感态度、价值观方面的要求，则宜采用教师指导下的讨论法、辩论法以及参与社会调查活动等。多项研究表明，讨论法适用于改变人的信念或观念，讲授法则更适用于传递信息。因此，离开了教学目标的具体要求，就不能比较教学方法的优劣。

第二，指导教学结果的测量和评价。一节课或一个教学单元结束后，多数教师或学科组都会自编测验题，检查教学效果。当教师或学校相关领导听完某教师的课后，也要对所听之课做出评价。评价有许多标准，如目标的达成度、现代教学技术的应用、学生的参与度，等等，但最为可靠的是教学目标的达成度。教学结果的测量必须是针对目标的测量。如果测试的题目没有针对教学目标，那么测验必然缺乏效度。在实际教学中，一节课往往有多个目标，测验时必须考虑目标的全面性、层次性。有些公开课由于事先已经多次演练，许多方面符合评价标准的要求，但不能认为是一节好课，因为它充其量只能算作一节复习课或者练习课。

第三，引导学生的学习行为，指出其努力的方向。学生的有效学习是在一定目标引领下的学习。上课一开始，教师一般会告知学生学习的目标，以引起学生的注意，引导他们把注意力集中在教学目标上。目标导向的教学测量和评价也会给学生提供他们应如何学习、如何准备考试的相关的重要信息。对于初中生，教师可以直接告知教与学的目标要求，即当他们学习完某个课题或单元后，应会做什么事、学会哪些技能、学会分析哪些问题、学会生成什么观点，而且应使学生认识到，教师宣布的目标在课程或单元结束后一定要检查的；如果达不成目标，就还要采取补救措施。时间一长，学生养成按时完成学习任务的习惯，进而养成学习的自觉性。

教学目标包括三方面的内容：一是确定可以作为成绩的证据的行为、二是确定行为的必要条件、三是确定合格的标准。

(一)思想品德课教学目标价值的定位

价值是一个重要的哲学范畴，是指客体对主体的积极意义。思想品德课教学目标的价值是哲学价值的具体表现，它们是个别与一般的关系。研究思想品德课教学目标的价值可以从两个维度去思考。

1. 从主客体维度看思想品德课教学目标的价值

教学活动是联结社会和个人的纽带。从主客体关系维度看，对教学目标价值的评判存在两种取向：一是社会取向，开设课程是为了把人培养成为社会需要的人才，其育人的出发点是社会需要；二是学生取向，教学目标的达成是为了满足作为主体的学生发展的需要，促进学生健康成长，其育人的出发点和归宿是学生的成长需要。

思想品德课教学目标育人的出发点究竟是什么？我们可以根据课程的性质和任务去判定。关于思想品德课程的性质，新《课标》表述为："本课程的任务是引领学生感悟人生的意义，逐步形成正确的世界观、人生观、价值观和基本的善恶、是非观念，学做负责任的公民，过积极健康的生活。"由上可以看出，思想品德课程是为学生的成长服务的。这也契合了新课程"以人为本、为了每一个学生的发展"的基本理念。基于此，思想品德课程的实施就要立足于学生，尊重学生的成长规律，考虑学生的成长需求，而不能一味地由教师把他认为正确的东西硬性灌输甚至强加给学生。但这并不排斥教学目标的社会取向。

事实上，个人与社会是一致的，表现在学校教育上，课程服务于个人成长还是服务于社会需求，二者在本质上是一致的。一方面，学校尊重个人（学生）成长的规律，按照学生的成长规律去培养学生，这样做更有利于学生的成长；把学生培养为人才，必然有利于社会的发展。另一方面，研究社会对人才的需求，也有利于我们准确判断社会对学生的成长需要，从而使课程能更好地引领、促进学生的健康发展。

2. 从功能维度看思想品德教学目标的价值

自新中国成立以来，政治课程的名称经历了从"政治课"到"思想政治课"，再到"思想品德与思想政治课"的变化。课程名称的变化表明，随着时代经济、政治和社会的发展，教育部对政治课程目标、功能的认识在发生变化。从总体来看，政治课程功能经历了政治性课程阶段、常识性课程阶段和生活化课程阶段这三个阶段。就思想品德课程来说，从2001年基础教育进入国家级实验区开始，到2007年启动《思想品德课程标准（实验稿）》的修订，关于2011年版正式颁布，其内在的要求也在发生变化。根据新《课标》，课程目标具有以下特殊功能。

价值引领功能

该功能对应着课程目标中情感、态度与价值观方面的内容和要求。与其他课程不同，新版思想品德课程将情感、态度与价值观目标摆在第一位，突出了价值引领的重要性，更加体现了学科的性质。该目标提出了学生对自我、对自然、对他人、对社会、对祖国应有的态度、观念和行为的要求，体现了思想品德课程对学生形成良好品德的特殊作用。这也是思想品德课在初中课程体系中的立足之本。

能力培养功能

该能力对应课程目标中能力方面的内容和要求，包括自我调控与自我保护的能力、保护环境的能力、社会交往与沟通的能力、收集和处理信息的能力、做出正确的价值选择和价值判断的能力等。这些能力以思维能力的培养为核心、以培养动手解决生活中的实际问题的能力为落脚点，以学生在平时生活中解决实际问题时所表现出来的创新能力和达成良好的实践效果为努力方向。

知识传播功能

该能力对应课程目标中知识方面的内容。这些知识主要包括处理三重关系（学生与自我、与他人和集体，以及与国家和社会的关系）和有关四大主题（道德、心理健康、法律、国情）的知识。这些都是初中生应具备的基本的知识素养。它是能力和情感、态度、价值观的基础。初中生有了这些素养，才有可能在成长的过程中实现由“知”到品德养成的转化。

思想品德课程三维目标之间的关系，可以用图 1-1 表示。

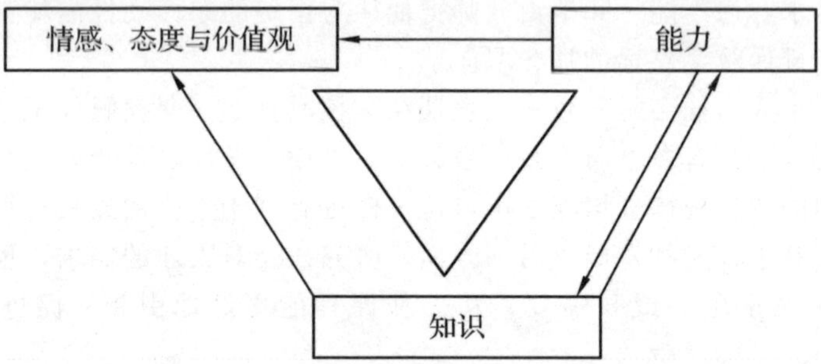

图 1-1　思想品德课程三维目标的关系

从图 1-1 中可以看出，知识传播是基础，能力培养是手段，它们在实现思想品德课程的价值中是不可或缺的，但思想品德课程的最终目标并不是掌握知识和培养能力，而是要实现情感、态度与价值观的引领。因此，在功能上，我们要突出思想品德课程的价值引领功能，这样才能更好地体现其德育课程的性质。

（二）教学目标的基本构成

教学目标是课程目标体系的基础目标和微观目标，是构建课程目标大厦的基石。新《课标》的目标体系包括两个维度：一是由宏观目标（总目标）、中观目标和微观目标（课堂教学目标）构成的纵向系统，另一个是由情感·态度·价值观、能力、知识三个方面组成的横向目标系统，二者共同构成思想品德课程的立体目标体系。

在新课程实践中，教师必须通过学习、研究来正确理解和把握思想品德课程的目标体系。对于课堂教学来讲，教师要力求做到宏观与微观相结合，既能从宏观上把握课程目标，又能从课堂微观上定位好每一节课的课堂教学目标。思想品德课教师应该主动学习、领会新《课标》精神实质，以指导实际的教学活动。

在思想品德课程目标体系中，课程的总目标是针对思想品德课程教学活动基本的、整体性的要求，居于目标系统的上位；它统领情感·态度·价值观、能力、知识三个层面的分类目标，更统领具体的“课程内容”目标。具体的“课程内容”目标是落实课程总目标和情感·态度·价值观、能力、知识分类目标的，并服从、服务于它们。如果我们把“成长中的我”“我与他人和集体”“我与国家和社会”三部分中的每一具体“课程内容”目标理解成中观层面的目标，它就是联结宏观目标与微观目标的桥梁，那么，每一课时的教学都对应一个中观目标或几个微观目标，微观目标是要落实总目标和中观目标的。

1. 宏观：把握思想品德课程的总目标与情感·态度·价值观、能力、知识分类目标的内在联系

新《课标》规定：“思想品德课程以社会主义核心价值体系为导向，旨在促进初中学生正确思想观念和良好道德品质的形成与发展，为使学生成为有理想、有道德、有文化、有纪律的社会主义合格公民奠定基础。”这是思想品德课程的总目标。总目标集中体现了课程的性质、表达了课程的核心价值，也是整个课程目标的统领，贯穿于课程实施的全过程。

对于总目标，从宏观层面上我们可以从以下三个层次来理解。

第一，思想品德课程目标以社会主义核心价值体系为价值导向，体现国家的意志，表明国家对课程的要求，它是引领思想品德课程价值判断和选择的指针。

第二，思想品德课程教学以促进学生正确思想观念和良好道德品质的形成与发展、使学生满足社会化的需要为核心任务。

第三，思想品德课程以使学生成为有理想、有道德、有文化、有纪律的社会主义的合格的现代公民为最终任务。

根据总目标的要求，思想品德课程引领和帮助学生实现、达成情感·态度·价值观、能力、知识三个层面的分类目标。或者说，按照这样一个“三维”的目标来达成思想品德课程的总目标。

在情感·态度·价值观、能力、知识三个层面的分类目标中，情感·态度·价值观目标是优先设置的目标，置于最前面，是基于情感对人的道德观、价值观发展的基础作用和特殊的价值，以及思想品德教育课程不同于其他课程的基本特点。

“三维”教学目标不是独立的三种要求，而是相互联系的一个整体。但就三者的关系的理解，有不同的结构模型。

第一种结构模型以周家亮等人为代表。周家亮在《初中思想品德课程标准(2011版)解读》①中指出，情感·态度·价值观目标以观点和规范为主体，它是最终目标、是优先设计的目标。能力与情感·态度·价值观和知识经验等共同构成人的素质，这三方面的目标也可以说是并行的。知识是支撑全部课程目标的基础，没有知识就没有能力，也很难有真正积极正确的情感·态度·价值观，知识目标处于基础性的

① 周家亮．初中思想品德课程标准(2011版)解读．章丘教育网

地位。对学生来说，获取知识的过程同时也是培养能力、增强情感体验的过程。同时，知识目标服从并服务于能力、情感·态度·价值观目标。换句话讲，能力、情感·态度·价值观的形成需要有一定的知识作支撑。

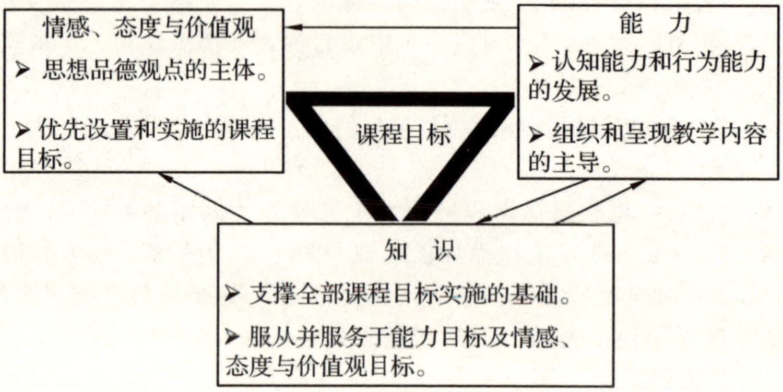

图 1-2 思想品德课的课程目标

图 1-2 表达了思想品德课程内容目标特有的整合理念，它分三个维度来表达课程目标，并不意味着要从三个维度分别实施课程总目标。相反，它是一个整体，具有不可分割的联系，是“你中有我、我中有你”的关系；强调以情感·态度·价值观为优先目标，实际上意味着在处理知识点与观点和规范的关系时，要坚持观点和规范统领知识点的原则，知识点的选择要服从并服务于思想品德教育的目标设置。这种以能力发展为主导的教学内容的组织方式，更合乎生活逻辑，更突显社会生活的主题性。与优先设置情感·态度·价值观目标一样，它体现了从“以知识为本”到“以育人为本”的教育观念的转变。

第二种结构模型以余文森为代表。他提出了“立方体模型”(见图 1-3)。[①] 他强调以下观点：①每门课程的三维目标都是为人的发展服务的，垂线 OD 是学生在发展中的轴心，A、B、C 三点代表三维目标的整合，都要不偏不倚地朝着人的发展挺进；②相对于人的发展这一目标，任何一目标都不能脱离它而单独存在，缺失任何一个维度都无法筑成完整的教学金字塔；③三维目标不是均等存在的，教师要根据学科的特殊性和学生原有的基础有所侧重。

这一模型在学理上是正确的，但作为最终目标的“人的发展”在一定意义上有空泛之嫌，因为在余文森的模型里，“人的发展”内涵并不具体，并且该概念本身也包括了三维目标。

第三种结构模型是以徐幔等人为代表的 KAPO 模型(见图 1-4)。[②] 徐幔在《初中

① 余文森．三维目标就像一个立方体的长、宽、高．中国教育报，2007-04-20

② 徐幔．初中思想品德．北京：北京师范大学出版社

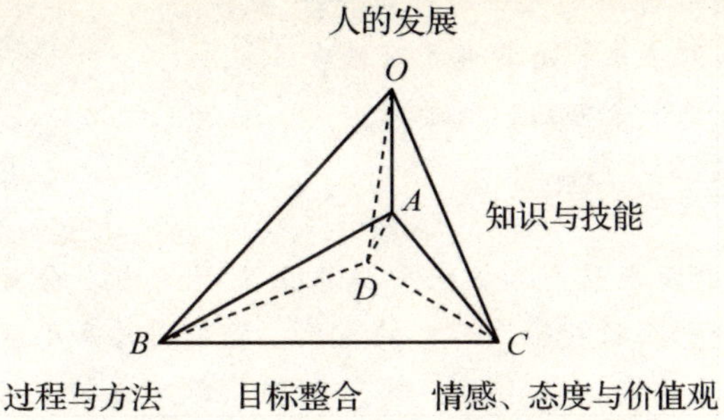

图 1-3　三维目标的立方体模型

思想品德》一书中提出，为了实现三维目标的整合，必须寻找一个能将三个维度的目标共同固着在某一处的“锚”上，但这个“锚”不应是凌驾于三维目标之上的、抽象的“人的发展”，而应当是与三维目标处在同一个层次的、具体的教学事件。由此，可以建立三维目标整合的 KAPO 模型。其中 K、P、A 分别代表知识与技能目标、过程与方法目标、情感·态度·价值观目标，O 代表教学事件。

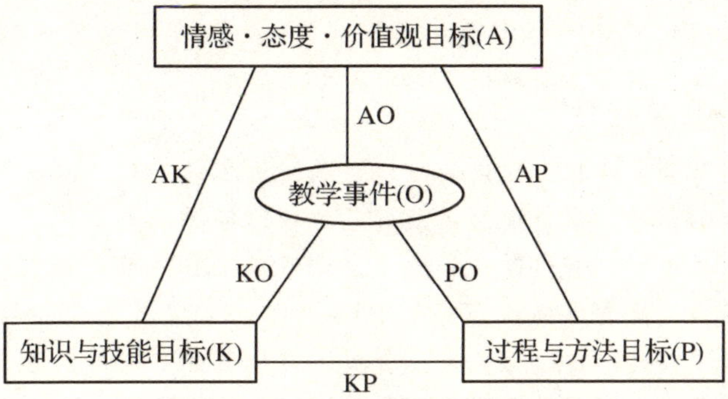

图 1-4　三维目标的 KAPO 模型

这一模型在理论上是可行的，但它过多强调低层次的教学事件，对学生成长的较高目标的达成度可能有影响。

案例指引三：消费者的合法权益受法律保护

第三框　做个成熟的消费者

一、教学目标

(1)情感、态度与价值观目标：增强作为消费者的权利义务观念，正确行使消费者的权利，自觉履行消费者的法定义务，提高消费判断和选择的能力，做一个成熟的消费者。

(2)知识与能力目标：了解消费者成为成熟的消费者必须具备的素质，掌握避免受侵害的有效方法。能够运用所学法律知识，分析现实生活中有关消费者权益保护的案例；能够依法维护自己作为消费者享有的合法权益，并积极同侵犯消费者合法权益以及不履行消费者法定义务的行为做斗争。

教学难点：能够依法维护消费者享有的合法权益。

教学重点：怎样做一个成熟的消费者。

二、教学设计构思

1. 基本设想

(1)充分挖掘和利用教材内容。既要挖掘出教材的内在含义和各个内容之间的相互联系，又要充分利用教材小字部分的案例、辅助图片和小资料栏目。

(2)积极引导学生参与。运用课前收集案例、课中自学、讨论、表演、课后活动、练习等多种方式，鼓励和引导学生参与教学，真正发挥学生的主体作用。

(3)注重学以致用，培养探究意识。在教材知识学习之后，引导学生分析、思考、探究。

(4)适当运用多媒体教学技术，体现多媒体的辅助教学作用。

2. 教学辅助

PPT 多媒体

3. 课前准备

①设计消费维权调查问卷。设计意图：第一，收集学生平时消费的案例；第二，了解学生维权意识与方法的情况。②商品道具。

4. 教学构思

当前青少年作为一个庞大的消费群体，购买力不容小视。但由于青少年受生活经验及消费知识的制约，消费观念不成熟，维权途径并不十分畅通。有调查数据表明，因为经济上的原因，有超过四成的学生购买过盗版书籍、电子数码产品、服装等“傍名牌”产品。因而青少年既是假冒伪劣产品的受害者又是“知假购假”的消费者。本节课为大家招聘一位市场义务监督员，这位监督员不仅自身要有基本的消费知识，更重要的是能在班级做好宣传和引导，让更多的同学成为成熟的消费者。

三、板书设计

第三框　做个成熟的消费者

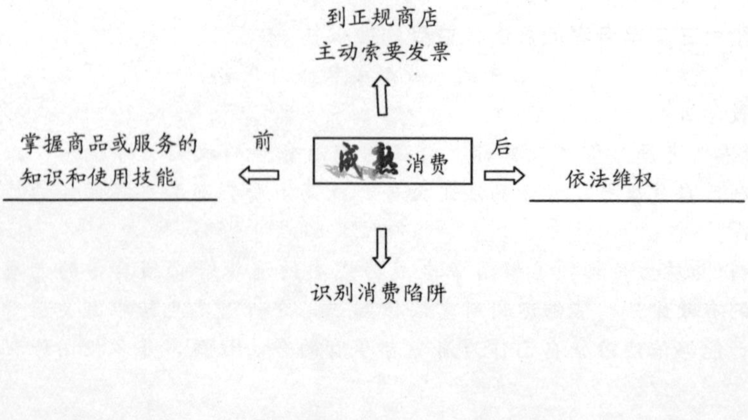

四、教学过程：

［PPT］（背景音乐：翠岗中学校歌、《烟花三月》）

翠岗中学美景、扬州“瘦西湖、个园、大明寺”美景、美食

上课准备：分组、选出记分员

背景：

【创设情境—引锚】

当前青少年作为一个消费群体，其消费购买力不容小视，但由于自身经验和消费知识的不足，常常遭遇各式各样的购物麻烦。今天我想帮助消费者协会在我们班招聘一位市场义务监督员。

素质要求：要具备基本的消费常识；有志于向我们的青少年宣传成熟消费的知识与理念。

竞聘程序：学习小结结束后，积分排在前三名的小组各推荐一位候选人；三位候选人进行简短的竞聘演说后，在场同学投票选举产生最终获胜者。

本次竞聘成功的同学将获得“翠岗八景纪念书签”一套。（展示）把书签插入书中，蝴蝶的翅膀可以打开，寓意它随时等待着它的主人来打开智慧之门，享受阅读的快乐。

【自主合作—探锚】

第一关：消费初体验

每个学习小组的面前放置了几种饮品：矿泉水、纯净水、碳酸饮料、运动饮料。

要求：各组同学通过望、闻、尝等方式，判断出面前的饮品分别是什么？

试着分析：它们分别是哪种类型的饮品及饮用注意点是什么？

作为消费者，选购商品时，还会关注哪些因素？

师：作为商品，尤其是食品，消费者在选购时，还应注意哪些因素？

生：生产日期、保质期、成分、厂家等。

师：在商品的包装上你还看到什么信息？

阅读课本：哪些图标你在商品包装上见过？这些图标的含义是什么？

绿色食品标志；3C认证（中国强制认证）；纯羊毛标志；国家免检产品（三鹿奶粉事件后食品已取消免检）；中国名牌（波司登羽绒服、格力空调、海尔电冰箱）；计量保证C标志（经常出现在定量食品包装上，是对食品净含量的证明）

师：面对日新月异的消费市场，再聪明的消费者也无法掌握所有的消费知识和技能，那么当我们需要获得某些商品的信息和知识时，可以有哪些方法和途径呢？

途径一：通过报纸、杂志；

途径二：向有关部门咨询；

途径三：通过相关网络。

过渡：消费前了解所购商品的特点，可以帮助我们更科学合理地做出选择，所以做一个成熟的消费者，在消费前应努力掌握所需商品或者服务的知识和使用技能。

[PPT]一、掌握相关的消费知识(板书)

过渡：在第一关中，我们哪些小组的积分较高呢？请记录员公布一下得分。

[分享收获]通过第一关的学习，你认为作为一名市场义务监督员应该具备怎样的素质？

第二关：消费再判断

过渡：在当前，你们的什么消费最能让你们的父母愿意投资，不计代价？——学习。下面我们进入第二关，消费再判断。我为大家带来了一件学习“神器”。请观看视频。

[视频]“学习法”广告、图片

问题：

(1)你认为这则广告最吸引消费者的地方在哪里？

(2)看完这则广告，你会不会心动？你觉得你的父母会不会动心？

(3)买还是不买？

生：[众言堂]

师：从它的广告宣传来看，让人觉得有种夸大其词的感觉，但正是这种夸张，恰恰抓住了部分消费者，尤其是我们家长急于求成、急功近利的心理。对这件商品的效果我不作评价，我只想以此来提醒同学们，在面对纷繁复杂的商品宣传时，多一些冷静与智慧，少一些盲目与冲动，谨防跌入消费的陷阱当中。

[讨论交流]列举出我们身边的消费陷阱。以学习小组为单位，写在小黑板牌上。

(分析：买一赠一、霸王条款、虚高抬价、明星代言、虚假宣传、傍名牌)

思考：怎样才能避免掉入消费陷阱中呢？

生：不能贪小便宜，坚信天上不会掉馅饼。

过渡：作为一名成熟的消费者，一名市场监督员，不仅要掌握商品知识，更要能练就一双慧眼，识别生活中的消费陷阱，理性消费。

过渡：在第二关中，我们哪些小组的积分领先了呢？请记录员公布一下各组的得分。

[板书]识别消费陷阱

[分享收获]通过第二关的学习，请说一说你是如何理解理性消费的？

第三关：消费终决选

[案例]小文在他的日记中写下了最近的烦心事。

上星期，妈妈看到小区门口有人在卖“增高鞋”，还发了宣传广告，据说是老品牌了，今天是促销，五折清仓。妈妈见状花了一百多块钱也为我买了一双，起初我也非常高兴，以前总是羡慕那些身高的同学，想想我也能跟他们一样了。可今天，我发现鞋底突然脱落了，我的脚还被鞋底划伤了。心里真不是滋味。妈妈说算了，以后再也不买了，爸爸却说要去掀翻他的摊子，找他算账去。

[转识成智]

(1)小文的什么合法权益受到了侵害?

(2)请对小文爸爸或妈妈的做法做一个点评，并给出你的建议。

(3)从中我们应吸取什么教训?

——学会依法维权。

——不要在流动摊点购物，到正规商店购物，而且还应主动索要发票。在自身的权益受到侵害时，应学会依法维权。

师：在流动摊点购物或不索要发票，消费者的合法权益将得不到有效的保护，会给自己的维权之路带来困难。

(发票不仅是自身维权的凭证，也是售后服务的依据。它不仅仅有利于维护我们消费者的权益，同时也是维护国家的利益，督促商家依法纳税的重要途径。)

【归纳总结——悟锚】

结合本节课所学，你觉得怎样才能成为一个成熟的消费者呢?

师：从积分排前位的三个小组中选出市场监督员的候选人。

【评价提升——省锚】

请三位候选人总结陈词，为自己拉选票。

投票；

获奖感言。

【结束语】(配乐)

45分钟前，我们用问号叩开了消费这扇大门，当我们在购买商品前不妨先问一问自己对商品是否了解，是否需要，多一些理智，少一些盲从。今天当我们面对诸多消费陷阱时，还应该画上一个惊叹号，多一些警惕，少一些冲动。我们期待着消费不再是雾里看花，最后我想留给大家的是省略号，做一个成熟的消费者，还需要了解与实践的内容是无法在一堂课上穷尽的，所以希望同学们能从今天的所学中有所收获，用自己的智慧去守护我们的消费。

2. 中观：粗化课程目标下的“课程内容”，为教学实践服务，是沟通宏观与微观目标的桥梁

相对于总目标(宏观目标)，中观目标是其下位目标。中观目标分解宏观目标，引领课程的具体内容的组织，使课程的微观目标找到落脚点、生长点。新《课标》把课程内容划分为“成长中的我”“我与他人和集体”“我与国家和社会”三个递进部分，规定了思想品德的“课程内容”。在理解、把握课程总目标、中观目标的前提下，我们能更好地从微观上把握好每一节课的具体的“课程内容”目标。当然，每一节课的具体目标也必须从“三维”目标上来理解。

3. 微观：理解并落实好具体“课程内容”，实现宏观和中观目标

从每一课时的课堂教学内容来讲，一般情况下，每一框题都有对应的、需要落实的或需要渗透的具体“课程内容”条目。“课程内容”采用不同的行为动词规范学生的学习行为和表现，表达课程内容标准的过程性和结果性两种要求。它既强调明确的价值指向(情感·态度·价值观目标)，注重观点和规范的把握，又反映特定知识要求(知识目标)。对课程内容的表述，新《课标》采用“知道、了解、理解、懂得、感受、认识、领会、比较、分辨、体验、关注、利用、学会、养成、树立、参与”等行为动词，这些行为动词既规定学生学习行为表现，又对学生的能力发展提出要求。因此，如果我们能透彻地理解具体的“课程内容”和要求，那么将有助于确立好课堂教学目标。

在实际的教学中，我们不仅要知道各项目(框题)的“课程内容”是什么，规定讲什么，讲到什么程度，以及实施的基本路径，对学生的预期表现的要求是什么；还要知道渗透的“课程内容”是什么，渗透什么内容，渗透到什么程度，要做到心中有数。这也为创造性地使用教材打下基础。不然的话，教学就成为简单地教教材，人云亦云，教师成为教材的“奴隶”，失去了作为主导教师的特殊作用。教师必须创造性地使用教材。

新《课标》以左栏、右栏的方式，对“课程内容”采用不同的行为动词规范学生的学习行为和表现，表达“课程内容”的过程性和结果性两种要求；设置“活动建议”，针对“课程内容”的实施，提供相应的活动路径，供教师选择和参照。

新《课标》左栏，用行为目标的陈述方式表达具体“课程内容”，通过对“课程内容”的实施提出行为要求来呈现具体的内容标准。它采用不同的行为动词来表达操作过程(过程性)和预期表现(结果性)两方面的要求，表达结果性目标的行为动词，更强调明确的价值指向；表达过程性目标的行为动词，则往往是体验性的。这种表达具有指令性、规范性，规范的行为主体是学生。在行为目标陈述中，有四个基本要素：行为主体、行为动词、行为条件和预期表现。例如：领会(行为动词)诚实是一种可贵的品质(行为条件)；正确认识(行为动词)生活中诚实的复杂性(行为条件)；知道(行为动词)诚实才能得到信任(行为条件)，努力做诚实的人(预期表现)。

新《课标》右栏，对相应“课程内容”的实施，提出活动建议。这种表达具有指导性、开放性和选择性，规范的行为主体是教师。

针对新《课标》呈现的“课程内容”，一方面我们需要加强学习，不断拓展相关专业知识，提高专业本领；另一方面，我们更需要树立标准意识，自觉用课程标准规范教学目标，积极主动地改进教学。

一要准确把握课程的综合性。综合性是现代课程发展的重要趋势，是思想品德课程的核心理念之一。把握课程的综合性，以学生健康成长需要处理的主要关系为线索，将道德、心理健康、法律、国情等内容进行有机整合、科学设计，避免将这些内容分割开来。要把学生的全面发展作为衡量思想品德课程效率的重要指标。综合性的另一方面是要整合好家庭、学校以及社会之间的联系，合力促进学生的发展和进步。

二要准确把握课程的德育性。新《课标》把社会主义核心价值体系列为课程标准的核心内容，强化了思想品德课程的德育性。有人这样描述旧课程："学校围着课程分转，教师围着教材自转，学生围着教材旋转，师生围着课堂周转。"这种把思想品德课当成知识课的做法，严重背离了新《课标》把"情感·态度·价值观"作为第一目标的要求。在新的历史条件下，和谐高效的思想品德课堂必须回归思想品德教育的根本目标和课程的三维目标，这也是判断一节思想品德课是否有效和高效的根本所在。

二、基于学生持续发展的教学目标构建

目标理论作为教育心理学的一个重要概念，其研究内容主要包括教学目标和目标教学两部分。1934 年美国人泰勒最早提出了教学目标的概念，但他表述得并不明确。此后国内外一批研究者从不同角度对教学目标进行了界定。这些专家的观点可以归为两类：第一类认为教学目标是教学努力的方向和目标，第二类认为教学目标是预期学生学习行为的结果。加涅、布卢姆等专家都认同后一种观点。我国台湾著名的心理学家张春兴提出，教学目标是在课堂教学之前就要预期学生通过教学将要学到什么，教师在预设的教学目标的指导下又该做什么。从教育心理学的角度来看，教学目标是通过一系列教学活动从而使学生在心理上或行为上产生知、情、意、行的各种变化。还有人认为，"教学目标是预先确定的，在教学活动中要达到的，利用现代技术手段可以测量的教学结果。"这一表述主要是对学生学习结果及学生最终行为的具体描述，而不是对学生学习过程或教师行为的描述。

要明确教学目标，须区分以下几个目标：教育目的、课程目标、培养目标、教学目标的关系(见表 1-1)。

表 1-1　教育目标及相关概念

学校教育的目的	教育目的：国家制定的目标
	培养目标：各级各类学校的目标
	课程目标：各学习领域或科目的目标
	教学目标：具体教学过程中的目标(单元或课时)

教学目标主要是教师通过预设的教学行为使学生的身心发生一系列变化，是对学生的学习活动结果的一种预期、预测。教师既要宏观把握好教学目标与课程目标、培养目标等内在关系，把握好学科目标与他学科目标之间的关系，又要在微观层面上把握好一个单元、一节课的目标。

(一)教学目标理论对于实现有效教学的特殊意义

教学目标是教育思想、教育观念的具体反映，是实施课堂教学的主要依据，也是评价课堂教学的基本标尺。

在处理学生的困惑和错误时，教师只有遵循教学目标才有可能以“最小代价”“最少干预”的方式获得“最多收益”理想状态。“最小代价”就如老师在帮助学生认识错误、改正错误时，力求花最少的时间把负面影响控制到最小；“最少干预”就如老师尽可能少提示，引导学生通过自我反省、自我修正以提升其自我教育的能力，而不是直接指出错误的原因并把正确的方法告诉学生；“最多受益”就如老师在处理个别学生的错误时，尽可能使其他学生也从中受到教育，而不是充当看客。

在实际教学中，教师要从以下几方面去把握教学目标。

第一，教学目标既要体现共性特征又要满足个性化的需要。教学目标的共性特征是从社会对学科的需要和学科对人才培养的要求出发的，如情感·态度·价值观、过程与方法、知识与技能要求。另一方面教师在设置教学目标时又要重视学生因个性差异而产生的不同的要求。这也体现了新课程要促进每一个学生发展的要求。

第二，教学目标是一个整体，但作为具体目标在陈述中可以分开。过去我们习惯把教学目标分解为知识目标、能力目标、情感·态度·价值观目标，表面上看易于操作，实际上已经割裂了三者的内在联系。在新课程标准实施时，我们可以借助陈述的策略将它们表述得更清晰。

第三，教学目标要预设，更要生成。教学目标可以预设，也需要预设。因为教与学的活动作为人的活动，是一种有意识、有目的的行为，教师在上课之前就要对学生的学习过程和结果进行预测和规划。同时，现代教育心理学研究表明，学生的身心发展是有规律可循的，因此，教学目标可以预设。从生成的角度说，实际教与学的行为受众多因素的影响，如预设本身是否科学、学习的环境、学生的个性差异等导致目标生成的复杂性、多样性、差异性，所以在目标的生成中既包括科学掌控的要求，也包括再预设、再生成的要求。在一定意义上而言，预设是为了生成，生成是为了新的预设，预设和生成都是为了学生更好地发展。

第四，教学目标的主体对象是学生，不是教师。旧的理念下，教学目标的设置围绕着教师的教学行为转，学习效果难以令人满意。新课程要落实学生是课堂的主体，就要把学生的发展作为目标追求，强调发挥学生的学习主动性，强调学生对于学习内容的积极、自主的构建和生成。

(二)初中思想品德目标体系的分类和构建

课程目标在一定意义上也是育人目标，是课程实施和发展的旗帜和方向，反映了课程所要达到的预期的目的。新《课标》改变了原有的“识记”“理解”和“应用”的梯级目标体系，以“情感态度价值观”目标为核心，兼顾了能力和识记目标。

从一定角度看，课程目标又可分为结果性目标和体验性目标。结果性目标在新《课标》中主要体现为“知识与技能”维度的目标要求，而体验性目标主要体现为“过程与方法”“情感·态度·价值观”目标的要求。

从新《课标》的要求来看，情感·态度·价值观是思想品德课程目标中最重要的核心目标。思想品德课程教学的根本目的在于提高人的思想道德素质，而掌握知识是实现这一根本目标的载体和必要途径，但知识的获取不能代替学生内心的体验以及情感·态度·价值观的生成。例如新《课标》根据初中生身心特点，提出让中学生懂得悦纳自我，这是非常科学的，因为它要比学生识记“什么叫心理健康”“心理健康有哪些指标”更具有实践意义和成长价值。教师在实际教学中要善于通过小组活动、创设情境、设置问题等方式，改变过去教学手段单一、教学内容表面化问题。

学生能力的培养直接影响活动的效率。学生能力的提升，从长远来看，有利于学生的顺利成长；从眼前来说，有利于教师在课堂上各类活动的开展。因此，教师要主动、认真地学习培养学生能力的理论，更要善于实践，在促进学生健康发展的高度上通过各种教与学的活动，促进学生能力的提升。

知识和能力的关系是紧密联系的。一方面，提高能力是掌握知识和技能的必要前提，能力的大小会影响学生掌握知识的程度，系统地掌握科学的知识和技能更有利于能力的增长和发挥；另一方面，能力又会在掌握知识、提高技能的过程中形成和发展。

能力与情感·态度·价值观也是统一的。一般说来，正确的情感·态度·价值观是在社会实践和生活经验的积累中形成的，社会实践和生活是学生能力展示的场所，也是提升学生能力的必要环节。同时，正确的思想观念和良好品德的形成对能力的发展又具有积极的促进和支撑作用。

一切课程都是建立在一定的知识基础之上的，从思想品德课的目标分类看，“知识目标”是其“情感·态度·价值观目标”和“能力目标”的基础。一个没有一定“知识”的人很难具有较强的“能力”，也难以形成正确的思想观念和良好的道德品质。因此广大教师不能因为新《课标》突出了“情感·态度·价值观”就弱化“知识”要求，知识的弱化必然导致其他两个目标的实现落空。

总之，思想品德的三维目标是有机的统一体。教学只有实现三维目标有机整合，才能促进学生和谐发展，才是有效的教学。学生发展得越和谐，课堂就越高效。

(三)教学目标的编制与实施

新课程的实施为我们思想品德课程的实施提供了一系列新理念、新知识、新技能、新方法，新《课标》又为我们落实这些新理念建立了新的平台。当然，我们要实践这些理念，中间环节很多，其中重要的就是教学目标的编制与实施。在此，以“认识自我”教学中的三维目标整合为例来说明。

案例指引四：“认识自我”教学设计①

在“认识自我”的教学中，要根据初中学生的思想品德和认知水平的发展规律，使学生在以下三个方面有所进步：①正确认识自我，悦纳自己的生理变化，认识青春心理；②学习调节情绪，增强调控自我、承受挫折、适应环境的能力，形成乐观向上的精神状态；③学会客观地评价自己，形成健全的人格和良好的个性品质。

由于“认识自我”的内容较多，以下是我们对“认识自我”的第一个主题“悦纳自己的生理变化，促进生理与心理的协调发展”以及第二个主题“知道青春期心理卫生常识，学会克服青春期的烦恼，调控好自己的心理冲动”这两个内容为例，对其知识内容、三维目标以及教学内容进行分析，以期把新课程的新理念、新知识、新技能、新方法融入到教学目标的编制与实施之中。

一、“认识自我”的知识内容

主题之一：悦纳自己的生理变化，促进生理与心理的协调发展

第一，青春期的一些基本的生理常识包括身体的外形变化、身体内部器官的完善以及性机能成熟三方面的内容。

第二，青春期常见的心理状态包括敏感、多疑、苦闷、易于冲动、对异性有好感。

主题之二：知道青春期心理卫生常识，学会克服青春期的烦恼，调控好自己的心理冲动。

第一，青少年心理发展的特点：智力迅速发展到高峰值、自我意识迅速发展、情绪和情感丰富而强烈、性意识萌动。

第二，青春期心理调控的方法有：向老师、亲友、家长和社会寻求帮助，当自己的心理医生，多参加集体活动。

二、教学中的核心任务

教学中的核心任务包括以下四个方面：①观察青春期的生理和心理现象；②全面认识自我，发掘潜能，为自己规划未来；③阅读有关挫折的故事，理解挫折的意志品质；④了解、分析自己意志品质的现状，找出其中的不足，磨炼自己的意志品质。具体内容可对照表1-2分析。

---

① 本案例由江苏省高邮市临泽中心学校居锦贵提供。

表 1-2　教学中的核心任务

任务	陈述性知识	程序性知识	元认知知识
观察青春期的生理和心理现象。	青春期的生理和心理特点，青春的内涵，处理矛盾的方法。	分析总结青春期生理、心理变化的情况及青春的内涵。处理矛盾的主要方法。	青春期是人生中一段特殊的时期。
全面认识自我、发掘潜能，为自己规划未来。	美的含义，自我的含义，潜能的含义，规划的含义。	联系实际，全面认识自我。根据潜能制订初中生活规划。	每个人都有自己独特的潜能。
阅读有关挫折的故事，理解有关挫折的意志品质。	挫折的含义，造成挫折的原因。	列举生活中的不同挫折，对它们进行分析。	人生难免有挫折，挫折不可避免。
了解、分析自己意志品质的现状，找出其中的不足，磨炼自己的意志品质。	坚强意志的表现。	磨炼坚强意志的方法和途径。	坚强意志对自己的人生有重要的意义。

该部分内容在教学中的三维目标分析如下。

(一)知识与技能目标

1. 说出青春期的生理与心理特点

青春期生理特点包括身体的外形变化、身体内部器官的完善以及性机能成熟三方面的内容；青少年心理的特点包括智力迅速发展到高峰值、自我意识迅速发展、情绪和情感丰富而强烈、性意识萌动。

2. 说出青春期心理调控的三种办法

青春期心理调控的方法有：向老师、亲友、家长和社会寻求帮助，当自己的心理医生，多参加集体活动。

3. 解释挫折的含义，说出挫折的作用、成因以及如何应对挫折

(1)挫折是人们所遇到的失利、失败和阻碍等。

(2)造成挫折的原因主要有天灾、人为、个人的生理或心理缺陷等。

(3)挫折能使人们前进的步伐受到阻碍，从而产生忧虑、不安、恐惧等消极心理，也有利于人们磨炼意志，增强才干和智慧。

(4)应对挫折的有效方法有：树立正确的人生目标、正确认识和分析挫折的原因、激发探索创新的热情、学会自我疏导。

4. 解释坚强意志的含义，列举意志坚强的人的表现，并说出应该如何磨炼意志

(1)坚强意志是人们在进行有目的的活动中克服干扰、战胜挫折、实现人生目标的保障，是我们坚定正确的人生方向、走出失败的阴影、形成良好的学习习惯、成就一番事业的基本要求。

(2)意志坚强的人的表现：有自觉性、果断性、自制力、坚韧性(也可以说，有明确的目的、冷静果断、能自控、顽强地战胜困难和挫折)。

(3)磨炼意志需要树立明确的目标，从细微处做起，善于管理自己，并主动在艰苦的环境中锻炼自己。

(二)过程与方法目标

1. 掌握和合理使用心理调节的方法

(1)采用向老师、家长、亲友和社会求助，当自己的心理医生，多参加集体活动等方式来调整好自己的青春期心理。对于教师给出的案例，能够分析出案例主人翁的青春期的问题所在，并为其找出正确的解决方法。

(2)在情绪不好时，能自我调适、自我控制，能运用注意力转移法、合理发泄法、理智控制法来调控自己的情绪，不影响他人和集体。

(3)面对挫折和困难时，要调整好心态，正确地认识挫折和困难，勇敢地面对并超越，从而实现预定的目标。

2. 用一分为二、全面的观点辩证地分析问题

能够一分为二地分析自己和他人的内在素养与外在形象、追星现象、学习中的苦乐以及自身的优缺点、情绪和情趣、挫折的积极作用和消极作用。

考虑问题要周到，不仅要考虑自己的情绪还要照顾他人和集体的感受，在树立自己的整体形象时要考虑家人、朋友、同学、老师的建议，并且与社会需要相结合。

3. 用发展的观点来看待和分析事物

任何事物都是变化发展的，能正确认识青春期的生理与心理变化，用发展的观点看待自己和他人不断发生的变化。初中生活是人生的一个新的起点，要不断发挥自己的潜能，为自己设计一个切实可行的发展规划。

(三)情感·态度·价值目标

1. 用积极乐观的态度来应对青春期的苦恼、挫折和不良情绪等

在成长的过程中，初中阶段的学生会遇到各种各样的苦恼，如青春期生理的变化、情绪低落、学习成绩不如小学，等等。通过这部分内容的学习，学会用积极乐观的态度来应对这些变化，并顺利度过这个时期，提高学习成绩，为以后的人生奠基。

2. 用积极的态度感受和表达对青春的美好期盼及对个人发展重要性的理解

学生对青春期的感悟和态度是青少年健康成长的重要因素，学生通过这部分内容的学习，能够用积极乐观的态度和情感，表达自己对青春的期待和感受。

3. 用发展的眼光全面看待自己，不断完善自我

事物是不断变化发展的，人也是如此。学生要承认并正确对待自己的过去，用变化发展的眼光看待自己，不断完善自己的不足，争做一个品学兼优的好学生。

这一部分内容的三维目标内容较广，分布在初中一年级的多个模块，加之初一年级的学生的心智发育处于较低阶段，生活经验也不足，对许多问题的理解思考还不能深入。因此，有效整合三维目标也就成了教与学的一个难点所在。结合上述分析，要实现三维目标拟采用以下策略。

第一，从讲述发生在自己身边的故事入手，诱发学生深层次的思考。在学习“认识自我”相关内容时，由学生自己讲述发生在自己身上或身边人的事，从而激发学生内在的情感需要，并引领学生结合所学知识与经验对所涉及的问题进行深入思考，为实现三维目标服务。

一位老师在上课时，让学生讲述自己在六年级下学期小升初阶段复杂的心理感受，包括学生成绩的变化、在学校的选择过程中自己心目中理想的学校与家长的期待，以及进入现在所在学校后的心理感受。

第二，创设情境，引导学生体验挫折。一位老师在讲解完“挫折与逆境，养成勇于克服困难和开拓进取的优良品质”时，出示了普希金的诗歌《假如生活欺骗了你》，配乐《秋日私语》，请一名学生朗读诗歌，让学生在教师所创设的诗歌与音乐的情境中体验、分享战胜挫折的乐趣，并交流感悟，升华了学生战胜挫折的勇气和情感；与此同时也进一步深化了对挫折的概念、挫折的作用、应对挫折的方法的认识。

在这个教学实例中，教师整合了以下三维目标：解释挫折的含义，说出挫折的作用、成因以及如何应对挫折。掌握和合理使用心理调节的方法。养成善于从自己和他人的挫折中学习和探索智慧的好习惯。

三、顶层设计思想品德教学目标的策略

案例指引五：日本怎样进行教育顶层设计

1. 节选自刘伟《应当怎样制定教育发展战略？——从日本和美国的教育决策说起》一书

1868 年日本，开始了历史上著名的明治维新。新政府以天皇名义颁布《五条誓文》，其中一条是“求知识于世界”。

新政府成立后仅仅三年，日本明治政府决定派遣“欧美使节团”到欧美国家考察。使团共考察了英、法、比、荷、德、丹、意、奥、俄、瑞士、瑞典和美 12 个国家。考察内容是：议会民主制度；以蒸汽机为动力的快捷火车、高效率的纺织机械；由奇妙的电瞬时传输的电报、电话；无坚不摧的炮船、枪弹；现代学校教育，

使考察者"始惊，次醉、终狂"。木户孝允认为，能够使日本国基牢固者，"唯在于人，而期望人才千载相继无穷者，唯在于教育而已"。1872年(明治五年)8月2日，明治政府发出《学制公告书》，翌日文部省(教育部)公布了新的《学制》。《学制》采用法国式中央集权制的学区制，全国共设立53760所小学。明治政府并对文部省发出以下指令：①以小学为重点。②设立师范学校，培养小学教师。③男女教育平等。④严格考核学生的升级。⑤大学、中学的教育先从重点中学开始。⑥设立一、二所法商学校。⑦校舍的兴建，宁可花较长时间，但施工品质一定要好。⑧加速翻译事业等。文部省起用大量的留学生，并聘请外国顾问来协助进行《学制》。这些外国顾问以美籍人士最多。《学制》则以美国、法国为主，并参考其他欧洲国家的制度。

虽然当时日本国民平均GDP(国内生产总值)远远落后欧美各国，但明治政府始终把发展教育置于优先地位，教育经费在各项国家预算支出中最多。经过短短十年左右时间，日本国民的识字率就由原来的40%猛升到90%以上。日本学者桑原武夫更精辟地指出："明治维新是个文化革命，而其成功的要因在于民众高度的读写能力。"文化要靠教育获得，明治维新从根本上说，其实是一场教育大革命。

案例指引六：美国怎样进行教育顶层设计

1983年四月，美国高质量教育委员会发表《国家处于危机之中：教育改革势在必行》的报告，报告指出美国教育严重不适应科技的迅猛发展和信息时代的要求，教育改革的滞后，已经使美国处于危机之中。

教育不像政治、经济和军事，它不直接关系到国计民生，似乎是个"软"任务，所以国人很少把教育与国家安危联系起来。一个国家如果"软"的方面不如人，那就是最严重的危机。

美国人发现了教育使国家处于危机之中，他们又是怎样做的呢？

早在1985年，享有盛名的美国民间科学团体"美国促进科学协会"，在全国科学技术委员会等机构的资助下，聘请400位国内外著名的科学家、教授、教师以及科学、教育机构的负责人，用了近四年的时间，于1989年完成并公布了一份文件，题为《2061计划：为了全体美国人的科学》(2061年是哈雷彗星离地球最近的年份)。这份长达200页的总体报告和其他5份专题报告，详细地论述了全面改革美国初、中等教育体系的设想、步骤、目标和科学依据。

这份报告认为，改革的重点不是放在天才学生或哪门特定的科目上，而是为使所有青少年儿童都得到基本的科学(包括自然科学和社会科学)、数学和技术教育，使他们生活得多姿多彩并富有成果。这种教育应该适应科学知识和技术力量的急剧增长。这个计划将每个学生从幼儿园到高中毕业的13年教育中应该获得的基本科学知识浓缩为12大类课题：科学、数学、技术的本质、自然界的构成、生态环境、人体机能、人类社会、技术世界、数学世界、科学史观、共同主题、思维习惯。教学方法一改传统的按照不同科目分别教学的做法，而是围绕不同的课题展开广泛而深入的探讨，学习变成了课题研究。

这个计划可以说是知识经济时代教育改革的纲领性文件，具有“普世”价值。它给了我们许多启发。

知道它的长处

我国自从“顶层设计”在国家《“十二五”规划纲要》中出现后，这一概念被广泛地应用于各个方面。顶层设计是运用系统论的方法，从全局的角度对某项任务或者某个项目的各方面、各层次、各要素统筹规划，以集中有限的资源，高效快捷地实现目标。简言之，“顶层设计”是指“从高处着眼的自上而下的层层设计”。基于此，顶层设计具有应用性、操作性的突出特点，强调执行力，在执行中注重细节，实施精细化管理和全面质量管理，注重各环节之间的互动与衔接，以确保相关任务的完成和质量的提升。

思想品德课教学目标的设计要落实顶层设计的要求，不仅要分清课程目标、单元目标以及教学目标的层次，而且要分清不同层次目标的不同指向和作用，只有如此，才能真正把党和国家的要求、学生的发展与课堂教学真正统一起来，形成合力。

课程目标在一定意义上是国家意志的反映，是上位目标。一方面强调国家对情感·态度·价值观目标达成的重视；另一方面也要求我们初中教师在教学中要自觉以情感·态度·价值观目标统领知识目标和能力目标，以全新的教学思想代替不合时宜的观念，以全新的教育实践发展我们的学生。

单元目标是中位目标，是联系宏观目标与微观目标的桥梁，发挥承上启下、上传下达的作用。在“成长中的我”“我与他人和集体”“我与国家和社会”三个单元中，围绕学生健康成长需要处理的主要关系为线索，将道德、心理健康、法律、国情等内容进行有机整合和科学设计，将国家意志落实到单元的中位目标之中。即社会主义核心价值体系是思想品德课程的目标价值导向、思想品德课程教学的主要任务是促进初中学生正确思想观念和良好道德品质的形成与发展、思想品德课程的最终任务是使学生成为有理想、有道德、有文化、有纪律的社会主义合格公民。每一单元能落实的宏观目标应有所侧重，要以学生的道德情感需求和道德实践的发展为指向，从学生的生活实际以及学生已具有的素质基础出发，构建学生发展的中位目标，为科学设置每一节课的教学目标即微观目标奠基。

微观目标即课时目标，从一课时的课堂教学内容来讲，“课程内容”采用不同的行为动词在规范学生的学习行为和表现的同时，也规定了教师的努力方向，它表达课程内容标准的过程性和结果性两种要求。它既强调明确的情感·态度·价值观目标指向，注重观点和规范的把握，又反映特定知识目标要求。对课程内容的表述，新《课标》采用了知道、了解、理解、懂得、感受、认识、领会、比较、分辨、体验、关注、利用、学会、养成、树立、参与等行为动词，这些行为动词既规定学生学习行为表现，又对能力发展、情感·态度·价值观的生成提出要求。因此，教师必须理解好具体的“课程内容”，为落实好课堂教学目标服务。具体来说就是教师要知道本项目(框题)落实的“课程内容”是什么、规定讲什么、讲到什么程度、实施的基本路径是什么、对学生的预期表现的要求有什么，还要知道渗透的“课程目标”是什么，渗透到什么程度。

(一)厘清教学目标的陈述策略

1. 传统教学目标陈述的方式及其弊端

教师所设计的教学目标一般都会反映“知识与技能”“过程与方法”“情感、态度和价值观”等三维目标的内容。如前所述，不少教师由于没有认真研读课程大纲、没有掌握学生的情况、没有认真研读教材，往往照搬照抄教学参考书的相关表述，导致目标大而空，或不切合学生的实际。在领会新《课标》的精神以及掌握学生情况以后，也不是所有的教师对教学目标的陈述是规范的、合理的。教师有必要认真学习有关教学目标陈述的理论，掌握教学目标陈述的策略。

2. 指导教学目标陈述的几种理论与方法

(1)布卢姆、克拉斯沃尔等人的教学目标分类。他们把教育目标分为三大领域——认知领域、情感领域和动作技能领域，又把认知领域的目标分为六个亚领域，即知识、领会、运用、分析、综合和评价。情感领域目标分为五个亚领域，即接受(注意)、反应、价值评价、组织、由价值或价值复合体形成的性格化。他们的教育目标分类强调指导教学过程和对结果进行评价，其实是一种教学目标分类。

1972 年哈罗将动作技能领域目标分为六类，即反射动作、基本—基础动作、知觉能力、体能、技巧动作、有意的沟通。辛普森将技能领域目标分为下述七类：知觉；定势；指导下的反应(如根据示范表演一种舞蹈；通过尝试各种程序，发现烫平短衫的最有效的方法)；机械动作；适应；创作。

(2)马杰的行为目标学说。[①] 马杰于 1962 年根据行为主义心理学提出行为目标的理论与技术。行为目标也称作业目标，指用可观察和可测量的行为目标。马杰提出，写得好的行为目标具有三个要素：一是说明通过教学后，学生能做什么或能说什么；二是规定学生行为产生的条件；三是规定符合要求的行为标准。

例如，有的教师在教学目标中说：“通过教学培养学生的分析能力。”这是一种十分含糊的说法。用行为术语的陈述目标是：“根据教师提供的一篇有关某某的素材或故事，学生能将素材或故事中陈述事实与表达观点的句子分类，能抓住关键

① 皮连生．学与教的心理学(高等师范院校教材)修订本．上海：华东师范大学出版社，1997：228～229

词，至少85%的句子、关键词说得正确。”

由此可见，行为目标的优点是非常清楚的，它告诉人们，这里所指的分析能力意味着什么以及如何观察和测量这种能力。行为目标强调学习之后的行为变化及变化的条件。它的一般行为模式是行为主义心理学的刺激——反应模式。也就是说，它要求陈述提供什么条件(刺激)和学生能做什么(行为)。只要将刺激和反应规定得具体，则目标陈述也就具体了。

行为目标虽然避免了用传统方法陈述目标的含糊性，但它本身也有缺点。它只强调了行为结果而未注意学生内在的心理过程，教师可能因此只注意学生外在的行为变化，而忽视其内在的能力和情感的变化。例如，我们的目标是培养学生的爱国主义情感，按行为目标的要求，是希望学生完成几项表明他爱国的行动(如参加几项重大的政治活动等)。如果教师只着眼于学生的行为，往往会忽视学生内在的情感变化过程。

(二)内部过程与外显行为相结合的目标策略

坚持学习的认知观的心理学家认为，学习的实质是内在心理的变化。因此，教育的真正目标不是具体的行为变化，而是内在的能力或情感的变化。教师在陈述目标时首先要明确陈述如记忆、知觉、创造、欣赏、热爱、尊重等内在心理的变化。但这些内在的变化不能直接进行客观观察和测量。为了使这些内在变化可以观察和观测，还需要列举反映这些内在变化的行为样品。

案例指引七：“责任”的教学目标

愿意为自己的行为负责，对那些为自己、为社会承担责任的人心怀感激之情。

(1)举例说明不同的社会身份负有不同的社会责任。

(2)分析、讨论自己扮演的社会角色和应承担的责任。

(3)愿意为自己的行为负责，对那些负责任的人心怀感激之情。

目标评述

这样陈述的教学目标，不仅强调教学总目标是“情感·态度·价值观”，而且包含了“情感·态度·价值观”要求的具体行为实例。实例在强调情感·态度·价值观的同时也罗列出了许多行为中的“样品”。这就避免了只顾及具体情感·态度·价值观的要求而忽视学生内在心理变化过程的缺点，也克服了传统方法陈述目标的含糊性。

(三)表现性目标的实现策略

人的认识和情感变化并不是参加一两次教育活动就能立竿见影的。教师也很难预期参加了一定的教育活动后学生内在的心理过程会有什么变化。这在品德方面尤其明显。为了弥补上述两种陈述目标方法的不足，艾斯纳提出了表现性目标。这种目标要求明确规定学生应参加的活动，但不明确规定学生应从这些活动中学到什么。心理学家认为，这种目标只能作为教学目标具体化的一种可能的补充，教师千万不能依赖这种目标。

案例指引八："走可持续发展之路"教学目标

【课标要求】

1. 课程内容：知道我国的人口、资源、环境等状况，了解计划生育、保护环境、合理利用资源的政策，形成可持续发展意识。

2. 活动建议：调查本地区存在的资源短缺问题，根据科学发展观的要求，通过讨论共同设计一条珍惜资源的宣传标语。

【课标解读】

人口、资源、环境等状况，是我国国情的主要体现。理解我国坚持计划生育、节约资源、保护环境等基本国策和实施可持续发展战略的重大意义。这有利于培养学生亲近自然、珍惜资源、爱护环境的情感，增强爱护自然、保护环境的能力，理解计划生育国策的重要性，树立可持续发展意识，以便将来更好地参加社会主义现代化建设。

人口方面：要让学生了解以下几点。第一，我国人口现状的基本特点。即人口基数大，新增人口多，人口素质偏低。此外，我国人口现状的特点还表现为农村人口多，人口老龄化的速度加快，人口的分布不平衡，等等。第二，我国所面临的严峻的人口形势，已经成为影响中华民族生存与发展的重大问题。只有严格控制人口的过快增长，使人口增长与经济和社会发展相适应，才能保证社会主义现代化的顺利实现。第三，实行计划生育，是从我国社会主义初级阶段的国情出发制定的基本国策，也是在目前条件下解决我国人口问题的唯一正确途径。第四，实行计划生育的目的，即控制人口数量，提高人口素质。第五，明确我国实行计划生育的要求，即晚婚、晚育、少生、优生。

以上几点是一个相互关联的整体，在具体把握上，要结合各种感受性材料让学生"理解"我国人口现状的基本特点，了解我国面临的严峻的人口形势，从理性上认识实行计划生育基本国策的正确性及坚持这一基本国策的重大意义。另外，要注意从法律的角度帮助学生理解有关计划生育方面的内容。

资源和环境方面：要让学生了解以下几点。第一，我国自然资源的基本特点，即自然资源总量大、种类多，但人均占有量少、开发难度大。第二，在社会主义初级阶段，我国面临严峻的资源形势。第三，我国面临的主要环境问题：水土流失严重，沙漠化迅速扩展，草原退化加剧，森林资源锐减，生物物种加速灭绝，地下水水位下降，水体污染严重，大气污染严重，固体废弃物存放量过大，垃圾包围城市，环境污染向农村蔓延，等等。第四，我国环境形势的总特点，即从总体上看，我国生态环境恶化的趋势初步得到遏制，部分地区有所改善，但目前我国环境形势依然相当严峻，不容乐观。第五，节约资源和保护环境是我国的基本国策，必须长期坚持。第六，保护环境，人人有责，要从我做起，从身边的小事做起，守护好我们共有的家园。

在具体把握时，要注意以下几点。一是要充分认识到对学生进行关于人口、资源和环境方面知识的教育的重要性，帮助学生树立正确的资源和环境意识，培养学生保护环境、爱护自然的能力，特别是树立可持续发展的意识，是课程标准的明确要求，也是全面建设小康社会的一项具体要求。二是要把观点与材料、问题与对策结合起来，让学生从具体材料中认识我国人口、资源和环境方面的现状，通过思考，加深对计划生育、保护环境基本国策的认识，从而自觉树立可持续发展意识。三是要认识到资源问题与环境问题是有机地联系在一起的。我国人均资源量少、资源分布不平衡加剧了我国面临的各种环境问题，而环境问题又反过来使我国的资源问题更加严重。四是要从多方面分析造成我国环境问题的具体原因，有的放矢地让学生明白解决我国环境问题的有效方法。五是要明晰坚持保护环境基本国策的重大意义。实践证明，在推进社会主义现代化建设的过程中，我们在保持国民经济持续快速发展的同时，必须把保护环境放在突出的位置；必须认识到，保护和改善环境也就是保护和发展生产力；必须认识到加快经济建设，绝不能以破坏环境为代价，绝不能把环境保护同经济建设对立或割裂开来，绝不能走“先污染，后治理”的老路。六是要通过具体事例，使学生认识到，保护环境既要加强资源和环境法规、资源和环境知识的教育，提高全体人民保护资源和环境的意识，又要人人动手，落实在具体行动上。关于这一点，可以通过设计切实可行的活动让学生参与。

在可持续发展方面，要让学生了解以下几点：第一，树立可持续发展意识的必要性。人类社会发展到今天，人口的剧增、资源的短缺、环境的恶化，生态的危机等一系列的世界性问题，已经直接威胁到我们和子孙后代的生存和发展。因此，我们必须树立可持续发展意识，走可持续发展之路。第二，可持续发展的含义和要求。可持续发展是既满足当代人的需求，又不损害后代人满足其能力的发展。它要求人类与自然和谐共处，认识到自己对自然、社会和子孙后代应负的责任。第三，我国应该如何实施可持续发展战略，走可持续发展之路。

在具体把握方面，要注意以下几点：一要明确人口、资源、环境问题是世界性的问题，已经直接影响到全人类的生存和发展。谋求可持续发展已经成为全人类的共识。二要懂得要实现可持续发展，必须采取有效措施，逐步解决人口、资源、环境问题，使人与自然和谐共处。三要知道我国为实现可持续发展而采取的重大举措，如深入贯彻落实科学发展观，坚持计划生育、节约资源和保护环境的基本国策，大力实施可持续发展战略，努力建设资源节约型和环境友好型社会，扎实做好节能减排工作，大力发展循环经济，努力建设生态文明等。

学习本专题的内容时，教师可组织和引导学生对本地区存在的人口、资源、环境问题进行调查，并让学生向有关部门提出解决问题的方案。还可根据科学发展观的要求，引导学生设计有关宣传生育、珍惜资源和保护环境的宣传标语。

本专题的教学目标如下。

情感态度和价值观目标：理解人口、资源、环境问题对于人类发展和我国经济社会的影响；增强计划生育、节约资源和保护环境的意识，形成可持续发展意识，积极投身于建设美丽中国。

能力目标：收集我国人口、资源、环境方面的材料，增强分析其特点的能力；具有用实际行动保护环境、关爱自然的能力。

知识目标：了解我国面临的人口、资源、环境形势；知道可持续发展的含义和要求；懂得我国实行计划生育、节约资源、保护环境和实施可持续发展战略的必要性；知道计划生育、节约资源和保护环境是我国的基本国策。

知道它的长处

教学目标的编制步骤是：从解读新《课标》出发，清楚“课标要求”，在“课标要求”的指导下解读教材、教参，形成“课标解读”，最后结合学情，形成“教学目标”。

在目标形成过程中，教师要尽可能把自己的思想梳理成为良好的陈述目标，那么，良好的陈述目标有什么要求呢？

第一，教学目标陈述的内容应是学生的学习结果（包括文字信息、智慧培养、认知方法、动作技能和情感·态度·价值观）。学生是学习的主体，学生的发展是教学的目的和归属，因此，教学目标不应该陈述教师做什么，应当陈述通过教学后学生会做什么或会说什么。

第二，教学目标的陈述应力求简洁、具体，可观察和测量。尽量避免用含糊的和务虚的语言来陈述目标。用行为动词将学生“会想什么”“会做什么”和“会说什么”具体化，目标陈述要务实。

第三，教学目标的陈述要体现学习结果的层次性。如认知领域的教学目标一般有识记、理解与运用（包括简单运用和综合运用）三个层次。在情感·态度·价值观领域的目标也应尽可能呈现接受、反应和评价三个层次。

第四，如果从测量方面考虑，可以用布卢姆的目标分类系统陈述目标；如果从指导教学方面考虑，应该用加涅的学习结果分类陈述系统加以陈述目标。但课时计划的教学目标，不宜用上述二人的目标分类加以陈述。

第五，目标以精确陈述为佳。相关实证研究表明：如果把教学目标分成三类即精确的目标、含糊的目标和无目标三种情况，结果发现，精确的陈述目标与后两种相比，前者促进了学生学习成绩的提高。简单的目标容易具体化，高级的目标如创造性思维、高级的情感难以具体化。这会不会使教师侧重于“简单的易于具体化的目标而忽视了高级的目标”？人本主义心理学家认为：个人情感和信息的个人意义是不能用行为术语来测量的。他们反对应用行为目标。但多数教育心理学家认为，尽管目前有关目标促进学生成绩的实证研究结论还不完全一致，但大多数的研究表明，具体教学目标促进了教学，至今尚未发现精确陈述的教学目标有不利于学生的实验实例。所以，绝大多数教育心理学家反对使用含糊的教学目标，主张使用精确的目标指导教学活动。

第二章
学活学科知识的技法与实施策略

引言：建构活力型思想品德课堂

伴随新一轮课程改革，思想品德课教学在教学方式上，基本摒弃了填鸭式的"满堂灌"，力求建构充满活力的课堂；在目标追求上，注重夯实基础知识，重视教学过程的优化和学生学科思维方法和思维能力的培养，积极关注情感、态度与价值观的培养；在教学手段上，现代信息技术与课堂教学有机地结合，比较合理地发挥了现代教学媒体的辅助作用；在教学方法上，坚持"以学生发展为本"的主体性教育观，积极推行"自主、合作、探究"式的教学方法，营造充满活力的课堂，把学习的主动权还给学生；在教材处理上，在深入钻研教材和课程标准的基础上，根据学生的实际需求，结合教学实践，对教材内容和结构进行了有益的整合，更加关注以学定教，实现了课堂教学的有效性。

案例指引一：孝敬父母长辈①

师：一年一度的《感动中国》评选被称为中国人的年度精神大餐，给人们带来心灵的震撼，让我们感受崇高、温暖和力量。2011 年度的《感动中国》有一位中学生让无数的人流下了热泪。播放视频：《感动中国》人物"孟佩杰的事迹"。

观后思考：孟佩杰为什么能感动亿万中国人？学生回答(略)

师：评价学生答案，揭示学习主题：孟佩杰用自己的行为诠释了人世间的大爱。百善孝为先，今天，就让我们一起进入孝敬父母长辈的殿堂，去领略世间的大爱。

活动一：走进生活

(1)说一说我身边孝敬父母的人和事。(2)结合身边的事迹谈体会。

活动二：热点聚焦

多媒体出示："啃老族"相关资料。学生阅读材料说感悟：你是如何看待"啃老族"的？教师总结：作为子女为什么要孝敬父母长辈？

① 本案例由徐州市开发区中学王树华老师提供。

活动三：思辨明理

辩论：有同学说，孝敬父母光荣，不孝敬父母可耻！但是我现在年龄还小，没办法孝敬父母。等我长大了，有钱了，让父母吃好的、穿好的，好好孝敬他们。

学生分组辩论。教师根据学生的辩论总结分析。并提出问题：在日常生活中，如何孝敬父母长辈？

活动四：身临其境

小品表演：学生分角色扮演：孟佩杰、养母，模拟孟佩杰的生活片段。角色体验：通过让学生模拟生活场景加深对孝敬父母要求的理解。

活动五：小试牛刀

多媒体出示：不孝敬父母的违法案例分析。

活动六：我来做一做

多媒体出示：制订孝敬父母长辈计划。播放歌曲《常回家看看》。学生在欣赏音乐中感悟孝，领略爱，践行孝。

活动七：达标训练。（训练试题略）

值得引申的问题

在全国各地，思想品德学科中考模式有所不同，有些地区的中考取消了思想品德学科的考试；有些地区实行开卷考试。就目前而言，中考对教学仍然发挥着较强的导向作用，由于受中考评价等诸多因素的影响，学科知识的落实陷入了“两难境地”。

一是过于注重活动开展的本身，而忽视活动效果和学科知识。有些教师在组织活动上，开展得有声有色，但是活动的效果却不能令人满意。教师不能有效地激发学生提出问题、探究问题的热情，或者问题设计浅显，不能打开学生的思维。或者活动环节设计过多，操作频率太快，学生活动不充分，学生不能充分发表意见，难以实现真正的体验和情感的升华。

过杂的“表演类”活动，往往只注重形式，而冲淡了主题，使得课堂教学中核心知识淡化，甚至疏漏。由于表演类活动未体现核心知识的内涵，因而就难以实现知识内化。“讨论性”活动则更为常见，在课堂上时时处处有讨论，有问题必讨论，实际上有些问题没有讨论探究的价值，如此，不但没有启迪学生的思维，也达不到知识内化的要求。

二是过于重视知识的教学，忽视了思想品德学科应有的价值。中考中，情感·态度·价值观目标往往是无法测量的，有些课堂依然存在“讲知识”“背知识”“练知识”的现象，就知识讲知识，而忽视了思想品德学科的功能和价值。以“知识点”为核心的教学，导致学科知识的整体价值无法实现；教学时间被题海训练“垄断”，认知活动处于“识记”和“应用”的低水平重复现象仍然较为普遍。这不但不能使学生真正内化学科知识，也背离了三维目标的基本要求。

一、课堂由有生命的学科知识实现

（一）思想品德学科知识的价值定位

杨振宁说："有些人不想去熟悉一个学科的基础，不想去熟悉前人已积累的知识，而想跳跃过这一步，迫不及待地向前跃进，想一下迎战现代的问题。这样是绝不会成功的。你要反复学习人们过去研究过的各种思想，当你把这些思想融会贯通之后，你会看到前人所没有看到的东西。如果你还未熟悉前人的成就，就想跳到最前沿水平，做出真正贡献是绝不可能的。"杨振宁教授的这些话，对我们关于基础知识的教学是有深刻启示的。基础知识是由基本概念、基本理论和基本方法组成的。基本知识，作为共性的知识，掌握了它就能"举一反三"；作为思维"因子"，掌握了它就能"触类旁通"；作为新知识的基础，掌握了它，获取新知识的能力和创造性思维能力就会越强。

认知心理学把知识定义为"主体通过与其环境的相互作用而获得的信息及其组织"，强调知识是有组织的信息。现代认知心理学把知识分为陈述性知识和程序性知识两大类。陈述性知识是个人能够有意识地去提取线索，能够用言语直接陈述的知识，是一种静态的知识。思想品德课涉及的概念、原理、观点、事实等，一般都属于陈述性知识。程序性知识是个人没有提取线索，只能借助于某种方式间接推测其存在的知识，是一种动态的知识。比如一些行为习惯、各种能力，包括参与社会的能力、与他人沟通的能力、辨别是非的能力、自我调适控制的能力、独立思考质疑反思的能力、寻求法律保护的能力以及情感·态度·价值观都属于程序性知识。两种知识互为条件、互相促进，在教学中，对不同类型的知识应该采取不同的教学方式和方法，只有这样才能更好地完成教学任务、实现学习目标。

新课程提出由双基到"三维"，要从过去过于强调基本知识的学习和基本技能的掌握转变到强调形成积极主动的学习态度，使获得基础知识与基本技能的过程同时成为学会学习和形成正确价值观的过程（见图 2-1）。新《课标》相应地降低了部分知识的难度，删去了一些难以理解的知识点，这不是降低了学科知识的地位，而是要改变"知识本位"的教学思想。

当代教育心理学在认知发展研究和信息加工的基础上，把学生的智慧、技能看作"在掌握概念和以命题形式表达的规则的基础上，将已知的概念和规则运用于与原先的学习情境相类似或完全不同的新情境中解决实际问题的能力"，这说明了基础知识与能力的内在联系。根据这种联系，教师在教育过程中要促进学生能力发展，就必须重视对基础知识的学习和掌握，就应当引导学生在掌握基础知识的过程中发展能力。在初中思想品德课教学中，教师将知识的特点和学生认知发展的实际

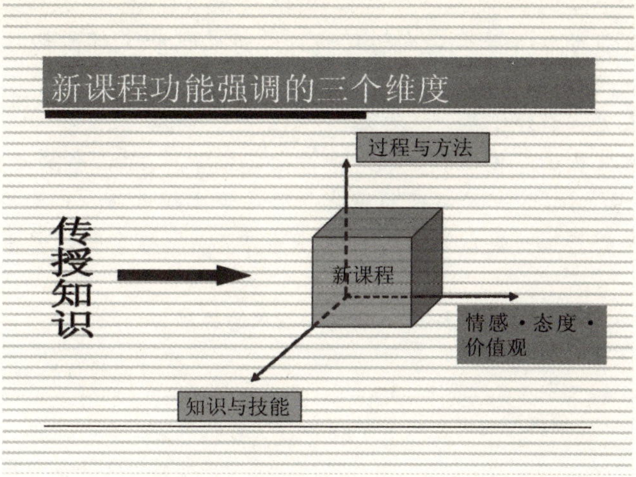

图 2-1　新课程功能的维度

能力结合起来组织教学，有利于改进和提高课堂教学效果。

充满活力的思想品德课堂是由有生命的思想品德相关知识实现的，没有知识的思想品德教学无论如何都是无效的。学生经过学习就具有了一定的知识储备，尽管新课程理念强调教学的三维目标，但知识掌握仍将是课堂教学需要解决的重要问题。

案例指引二：行为与后果的关系[①]

情景导入：（师深情朗诵）今天，叫吴斌；今天，整个杭州只有一位司机；今天，所有的事情连同西湖的水光都只是乘客；今天，司机用生命把客车停靠在岁月的宁静里；今天，离开的是死亡，留下的是责任、爱和伟大的平凡。视频播放，让学生了解事情的经过。

提问：在生命最后，吴斌做了哪些行为？这些行为产生怎样的后果？

探究一：在欧洲，一位妇女得了一种特殊的癌症，濒临死亡。医生认为，有一种药也许可以挽救她的生命。这种药是本城一位药剂师最近发明的一种新药。这种药造价昂贵，药剂师以 10 倍于成本的价格出售。病人的丈夫叫海因茨，他向每个相识的人借钱，但他只能筹集到大约药价一半的钱。海因茨告诉药剂师他的妻子就要死了，请求药剂师便宜一点把药卖给他，或允许他以后慢慢还钱。这位药剂师却说："不行，我发明这种药，我要靠它来赚钱。"海因茨绝望了……以小组为单位讨论以下问题。

问题一：海因茨该不该偷药？说明你的理由。如果你是海因茨，你有什么好的

① 本案例由徐州市第十三中学赵文老师提供。

办法吗?

问题二：既然行为与后果具有一致性，是不是说一个行为就只会引起一个后果呢?

小组交流发言，教师小结。

探究二：图片展示。展示关于杭州市第十三中学八年级“奉献爱心，助飞梦想”活动，“天宫一号”对接，京沪高铁的图片。引导学生得出结论：无论是个人、集体和国家行为，都会产生一定后果。讨论生活当中“行为与后果的关系”，并填表(见表2-1)。

表2-1 行为与后果的关系

行为	可能的后果
闯红灯	
	污染环境 影响形象
上课开小差	

探究三：案例分析

我国是世界上环境污染严重的国家之一，从城市到乡村，我国的大气、河流、湖泊、海洋和土壤等均受到不同程度的污染。北京、兰州等五个城市位于世界十大空气污染最严重的城市之列，全国600多个城市中，大气质量符合国家一级标准的不足1%。全国范围酸雨危害的程度和区域日益扩大。全国每年污水排放量达360亿吨，仅10%的生活污水和70%的工业废水得到处理，其中约有一半工业污水处理设施的出水达不到国家排放标准。近期出现的全国大范围、长时间的雾霾天气更是给人们的出行、身体健康带来严重的不良影响。请学生讨论以下问题。

(1)哪些行为造成了“我国是世界上环境污染严重的国家之一”?

(2)作为一个公民，你以后在生活中应该怎么做?从私家车主、企业领导、政府主管部门等角色加以分析。

(3)实践作业：分组调查雾霾天气形成的原因，提出合理的解决方案。

有效教学需要教师有序组织，学生自主建构；需要教师精心创设教学情境，让学生在活动中感悟、体验从而获得感性认识，加深对学科知识的理解，提升分析和解决问题的能力，最终内化为自己的行为习惯和品格。

思想品德学科陈述性知识一般不需要花费大量时间去探究，但教师要从整体上把握知识、帮助学生理解知识，需要教师精选贴近学生生活实际的情境材料，让学生在情境中感悟和理解，透视社会现象，发现问题、分析问题、解决问题。上述案例中，行为与后果的关系这一原理，需要教师从行为、后果、行为引起后果、后果是由原因引起的、一种行为会引起多种后果、一种后果会由多种行为造成的等多个方面的知识去组织，才能帮助学生从整体上理解行为与后果的关系。同时，教师精选了“海因茨偷药”这一经典的道德两难问题，创设了情境，学生在探究、辩论等互动活动中，加深了对行为与后果关系的理解，在“道德两难”的思辨中做出自己的价值判断和价值选择。

初中思想品德教材中，诸如“诚信”“责任”“理想”等理性知识较多，学生了解知识、明白道理相对较容易，而让学生真正内化并践行却往往很难。如何提高“明理”课的实效，成为思想品德课教师面临的重要问题。“明理”不仅仅要掌握知识、明白道理，关键是“笃信”，出发点和归宿是“践行”。“明理”不能靠简单的说教，必须触动学生的心灵。

程序性知识的教学，要求学生针对具体情况，做出合理的选择，对各种社会现象表明自己的立场，做出正确的价值判断。这种知识只有通过学生的亲身经历、实践体验，在体验中不断积累，才能真正内化为自己的能力和行为习惯。新《课标》指出，情感体验和道德实践是最重要的道德学习方式，要善于利用并创设丰富的教学情境，引导和帮助学生通过亲身经历与感悟，在获得情感体验的同时，深化思想认识。比如常用的学习方式有：情景模拟、角色扮演、实践作业等。上述案例中，学生在海因茨、私家车主、企业领导、政府主管部门等角色扮演中，体会到了做任何事情要对自己的行为负责；在实践作业的操作中，锻炼了自己的合作能力、分析和解决问题的能力。

(二)学科知识教学的基本诉求

1. 基于能力的目标取向

有些教师在日常教学中，由于受传统以讲授为主的教学方式的影响太深，或迫于考试的压力，课堂上尽管提供了丰富的生活素材，创设了一些教学情境，但讨论的话题仍多以“知识取向”为主，“能力取向”往往缺失。教师在制订概念性知识的目标时，要考虑把握基本概念的思维过程和理解运用基本概念的相关能力；注重以活动引领教学，在活动中培养学生获取、筛选信息的能力。教师要培养学生从情境资料中迅速找到自己所需要的信息；在全面阅读信息的基础上，对文本进行逻辑上的理解；将所读内容与自己原有的知识、想法和经验相联系，综合判断后，提出自己的观点；运用基本概念和原理，对相关社会现象进行价值判断，提出解决问题的方案，等等。

2. 基于生活的情境取向

新《课标》强调要将道德规范及道德情感体验转化为学生个体的道德实践，通过个体道德实践和道德体验，使学生体会社会的思想道德价值要求，形成正确的道德观和行为习惯。要求思想品德课教学要实现由讲抽象的“大道理”向关注与学生生活密切相关的“小问题”转变，贴近学生、贴近社会，把基本原理和概念融入生活题材之中，围绕学生关注的社会生活问题创设学习情境，激励学生参与讨论和探究。情境应贯穿课堂教学的始终，通过特定的情境，激活学生的问题意识，从而开展提出问题、分析问题、解决问题的学习活动；同时通过特定的情境，使问题与学生原有认知结构中的经验发生联系，激活现有的经验去"同化"或"顺应"学习活动中的新知识，赋予新知识以个体意义，促成认知结构的改组或重建。教师不仅要深入研究教材，提供生活化的情境素材，更要注重结合学生的经历、体验以及社会实践活动，运用知识解释生活中的现象，用生活中的现象验证所学的知识。

3. 基于思维的过程取向

新课程强调以活动引领教学，在活动过程中学习，使学习过程成为学生生活世界的一部分。而活动设计要能围绕教学目标创设经典的情境、设计可探究的问题，吸引学生广泛而深入地参与教学活动，使学生在丰富的情境中体验和感悟，并获取初步的感性知识和直接经验，在讨论探究中培养学生的价值判断能力，提升学生的情感态度和价值观，提高学生分析问题和解决问题的能力。概念性知识的教学，必须注重学生的思维过程，基于知识的发展轨迹与本质，让学生经历知识建构的全过程，把握知识产生的来龙去脉。在活动中揭示概念产生的背景，对典型事例进行分析比较，通过比较、概括和抽象，获取概念的本质属性，再用生活中的实例对概念进行辨析，在实践中体验原理、概念的内涵和外延，运用基本概念和原理解决学科问题和生活中的现实问题。值得注意的是，在教学中要注重"订正"学生的思维。对学生的错误反复进行纠正，但到了考试时仍然会出现同样的错误，究其原因是教师仅仅"订正"了学生错误的行为，而没有真正"订正"学生的思维误区。

4. 基于目标的评价取向

学生对某一个概念或原理的掌握是否达到目标了，要通过科学合理的评价进行测量，而在评价的过程中尤其要看目标、评价与活动三者之间的一致性程度如何。目标、评价与活动是有机整体；学习目标是教学的灵魂，在整个教学过程中起统领作用；评价是判断和测量学习目标是否落实的重要手段；学习活动是有效落实目标的重要载体；评价和学习活动要基于学习目标而设计的。

二、引导"内化"学科知识的技法

思想品德学科内化知识，不但要求学生把习得的新知识纳入已有的知识系统和认知结构之中，使新旧知识相融合产生新的知识系统和认知结构；把掌握的学科知识转化为在新的情境或客观实际中灵活、机智地发现问题、解决问题的能力，甚至进行创新的智慧和才能。这就要求教师必须有效选择教学资源、创设情境、采取灵活多样的教学策略、开展丰富多彩的教学活动。

1. 智慧地创设情境

案例指引三：两则教学案例

在美国的一堂课中，教师带了一支水枪、一块盾牌走进教室。上课开始，学生进行了小测验。接着同桌学生互评，然后教师问学生："你们想要得高分吗?"学生齐声回答："要!""加 1 分要交 5 美分!"老师说。学生纷纷掏钱要加分，老师大声说："白人小孩交 5 美分加 1 分，黑人小孩交 10 美分也不加分!"话毕，教室一片寂静，尔后发出一片反对声，在混乱中一位黑人小孩愤怒地向老师扔东西，其他学生有的扔书本，有的扔饮料瓶。后来教室外边的看门工友也参与了进来，只见这位教师一手拿盾牌遮挡，一手用水枪向学生扫射，直到大家精疲力竭才停下来。这时，教师整理了一下衣服开讲了："同学们，20 世纪 60 年代，在美国历史上爆发了一场声势浩大的黑人示威活动，抗议种族歧视政策，走在队伍最前面的是黑人领袖马丁·路德·金。但他们面对的不是这种水枪，而是警察真枪实弹的镇压。同学们，今天我们就来学习'反对种族歧视'这一内容……"

上课铃响了，夏校长提着一个书包，气呼呼地走进了教室。他来到一个同学身边，扭着这个同学的耳朵，厉声说道："臭小子，你给我站起来，看看你干的好事?!"说罢，他把书包里的东西倒了出来，信件、刀具等散落了一地。他气愤地说："你到底干了什么坏事? 把你的信念给大家听听。你身上和抽屉里还藏着什么东西?"说完他又让班长到这个同学身上和抽屉里去搜查。这时教室里的空气凝固起来，有个别同学看到校长的行为，十分生气，甚至小声嚷道："校长还打人? 真不像话!"听课老师也不知道夏校长唱的是哪出戏。被批评的同学终于忍不住了，说道："夏校长，你不能这样做，你的做法是错误的!"这时，夏校长的脸上露出了笑容，"什么? 我的做法是错误的，那大家讨论讨论，看看我的做法错在什么地方?"原来这是夏校长设计的一个教学情境，教室里紧张的气氛立刻缓解，变得热闹起来。大家纷纷打开了话匣子展开了讨论："校长不能体罚学生。""你不能公开学生的信件。""你不能让班长对同学进行搜身。""你不能侮辱同学。"……夏校长话锋一转："哈哈，看来我的错误还真不少，我如果真的这样做，不仅仅是犯错误，还违反法律了。这就是今天我们要学习的内容'公民的人身自由权利受法律保护'，请大家阅读课本，分组进行讨论，给你们的说法找一找法律上的依据，看看我为什么不能这样做?"学生的积极性被充分地调动起来，学习教材，展开讨论，纷纷给校长的"违法行为"找依据……

案例评述

从上述两位老师创设的教学情境，我们可以获得以下启示。

第一，抓住教学情境的本质，才能彰显情境设计的价值。源自真实方能获得身临其境的体验。教学情境的本质是生动的生活事件，真实、形象生动的情景模拟更容易让学生在亲身体验中感悟新知、陶冶情操、发展能力、提高觉悟。情因境生，境为情设；情、境和谐统一，才能达到某种境界或形成某种氛围，才能让学生满腔热情地投入到学习之中。上述两位老师创设的教学情境使学生进入了一种“心求通而未达，口欲言而未能”的心理境界。这两堂课之所以能激发学生的情感，源于老师情境设计的真实性、形象性，以至于听课老师都置身于情境之中。在那位美国老师的课上，学生从真实的情境中产生了反对种族歧视政策的强烈情感；从夏校长的“表演”中，学生感受到他的做法是错误的，是“违法”的，体会到我国法律在保护公民人身自由权利上是有明确规定的、侵犯公民人身自由权利是违法行为，从而认识到公民要学法、守法、用法。“真实有效的德育必须从生活出发、在生活中进行并回到生活。”学生的情感不是无缘无故、凭空产生的。教师通过创设真实的生活情境，使学生在活动中获得体验，通过体验再升华为新的知识、情感、能力，这是新课程强调的教学理念。

主旨明确是情境创设的先决条件。教学情境能使知识传承呈现灵动的状态，有效地激发学生的学习兴趣，获得最佳的思维状态。教学情境必须基于教学目标和学习目标来设计，引导学生围绕情境发现问题、提出问题、分析和解决问题，进而逐步落实教学目标。如夏校长的情境设计中，场景模拟是真实的，内容紧扣教材和三维目标，从打开学生的书包、公开学生的信件、搜查学生的身体和抽屉、对学生采用侮辱性的言语等情节，到学生分组讨论找出法律依据，都是围绕保护公民的人身权利这一主题展开的，激发了学生的兴趣，调动了学生的积极参与，真正提高了活动的实效性。

第二，“不可替代性”是选择教学情境的重要原则。围绕同一个教学主题或教学目标，有多种教学情境可供选择，教师选择教学情境最重要的原则是“不可替代性”。“不可替代性”有以下两层含义。

一是指不能用媒体情境替代真实情境。信息技术对创设情境有潜在的优势，运用现代多媒体教学手段来创设情境，融入绚丽的色彩、清晰的画面、美妙的音乐，能将空洞的说教变成多感官的刺激，使抽象变成具体、静态变成动感、虚幻变成真实。媒体情境尽管能调动学生的听觉、视觉等感觉器官，但不能替代全部的真实情境。比如，上述那位美国老师也可以用媒体手段再现当时的历史场景，让学生去观看，但这远不能代替学生在真实场景中的情感体验。

二是指所选择的教学情境用其他任何情境替代都不足以实现良好的教学效果。针对同一个教学目标来选择教学情境时，既可以选用多媒体手段，也可以采用常规手段时，就应选择常规手段。如果说，用多媒体以外的其他任何情境替代都不足以实现良好的教学效果，那么就选择多媒体手段。

第三，情境就在我们身边，简单有效、朴实无华才是真。情境设计的形式是多种多样的，一个感人的故事，可以给人以启迪、陶冶学生的情操；一个典型的案例可以帮助学生分析深奥、枯燥的理论知识。漫画、图片可以构成情境，电影、音乐、小品表演也可以成为情境设计的素材。但是，教学情境绝不是为了观赏，它不在于刻意的装饰和点缀。教学也如同日常生活，简单有效、朴实无华才是真。上述两位老师创设的教学情境，平凡中见新奇，能够清晰明确地切入主题，既新颖有趣，又简洁实用。

值得一提的是，小道具也能发挥大作用，水枪、盾牌、书包、信件等一些简单的“传统道具”同样能演绎出精彩的效果，放飞学生的思维，促使学生主动地去探寻、发现。在日常教学中，教师应注意收集、提炼源于学生生活实际的典型素材，根据教学内容加以灵活设计，这样情境才富有生命力，才能受到学生的欢迎，收到好的教学效果。

第四，习以为常的情境、意想不到的问题最能激发学生的兴趣。“问题是教学的心脏”，学生的学习过程就是一个不断发现问题的动态过程，而教学情境的本质是生动的生活实例，从某种视角来说，教学情境既是事件，同时又是问题。因此，创设教学情境的关键是要在将要探究的问题和学生求知心理之间创造一种“矛盾”，把学生引入到与问题有关的情境中，吸引学生广泛和深度参与。在平时的教学实践中，教师可能都会有这样一种体会：在一些最习以为常的情境中，引入意想不到的问题最能激发学生的兴趣。

在那位美国老师宣布下课以后的好长时间，学生依然不愿离去，正是由于他利用了一个引起学生思想共鸣的教学情境，意想不到地转入到反对种族歧视的主题上来，从而吸引了学生的积极参与，形成了师生灵魂的碰撞和精神的汇合，他的课堂使全体学生接受了一次活生生的反种族歧视的教育。夏校长的行为看似平常，也许是平时班主任老师批评学生常用的手段，正是在这样一个习以为常的情境中，通过有目的地设置疑问，引发了学生认知上的冲突，激发了学生的探究兴趣和学习热情。

2. 教材知识的重组

案例指引四：两位教师对教材知识的处理

当前，“用教材教”而不是“教教材”的理念已经为广大教师所普遍接受。“用教材教”意味着教师在准备教学时要采取相应的策略来处理教材，对教材进行适当地加工和凝练。但是在实际的教学实践中，相当多的教师只是依据教材的知识框架，对教学活动或情境材料加以更新或替换，而对于教材知识却不敢逾越雷池一步，在知识内容的取舍、重难点知识的确定、知识结构的重建等方面，比较茫然。甚至有些教师为考试而教，对教材知识面面俱到，生怕遗漏，并且挖掘得很深，这样做不但加重了学生的负担，而且其实际效果也未能如愿。事实上，只有准确定位知识目标，对教材知识进行潜心分析和恰当地处理，才能为后续选择教学情境、组织教学活动、检测评价等工作奠定坚实的基础。比如“融入民族文化”和“笑对生活”两课，教师普遍认为这两课的知识点内容太多、逻辑顺序难以把握。有两位教师在教学中按照教材呈现的知识内容和顺序组织了以下内容。

第二课 融入民族文化

一、中华文化博大精深

1. 说名字谈文化

姓名有一定的文化内涵，汉字特点及主要作用，中华文化的繁荣和发展。

2. 中华文化知多少

中华文化源远流长、博大精深，中华文化对世界文化的杰出贡献，承担保护世界文化遗产的义务和责任，中华文化和世界文化交相辉映。

二、增强民族文化认同感

1. 你我共织中国结

中国结蕴含着深厚的中华民族情结；我们的情感与民族文化、祖国命运紧紧相连；增强民族文化认同感的要求。

2. 情系祖国

民族、国家的命运直接影响我们的情感；热爱祖国源于对民族文化的认同；实现民族团结和国家统一的文化基础；保护中国的无形文化遗产。

3. 直面外来文化

各民族文化交流日益加深，外来文化反映了各民族的历史和现实，正确对待传统文化和外来文化。

三、做中华民族精神的弘扬者

1. 认识民族精神

中华世纪坛体现了民族文化和民族精神，中华优秀传统美德的内容，中华民族精神的内涵及其发展，中华民族精神是中华民族强大的精神动力。

2. 践行民族精神

弘扬和培育民族精神的重要意义，弘扬和丰富中华民族精神。

第三课 笑对生活

一、人生难免有挫折

1. 感受生活中的挫折

挫折的含义，挫折对人们带来的心理和行为反应，挫折产生的原因。

2. 挫折也是财富

挫折的双重作用，积极应对挫折。

二、勤奋学习，善于学习

1. 畅谈我们的学习

树立正确的学习观念，正确对待学习压力。

2. 人在考场

考试焦虑的成因，克服考试焦虑。

三、战胜挫折，开拓进取

1. 反挫训练

调整训练，行为训练。

2. 勇于创新

战胜困难和挫折需要创新，实现民族复兴需要创新。

引申出的问题

(1)教材知识分析与重组的主要依据。教材知识分析与重组的主要依据首先是课程标准。课程标准是教材编写的依据，也是中考、高考等大规模教育考试命题的主要依据。教材是课程标准具体化的内容载体。但是把课程标准落实到课时内容是一个从抽象到具体、从宏观到微观，将目标逐渐分解、逐渐细化的过程。教材的呈现体现了编写者对课程标准的理解和对“学生思维发展过程”的认识。编写者在这一转化过程中，对课程标准的执行可能会出现失真或失误。因此，教师在研究和改进教材内容时，必须依据课程标准对教材重新审视并进行二度开发与设计。比如，课程标准对第二课的要求是：“感受个人情感与民族文化、国家命运间的联系，提高民族文化认同感”。依据课程标准的这一要求，对第二课的知识目标进行准确定位时，尤其要注意两个行为动词“感受”和“提高”，不能放大或降低目标要求。根据课程标准，确定最有教育价值的核心知识即“民族文化认同”，以此为核心选择那些能形成和体现这一目标和核心知识的知识链，相应“裁剪”细枝末节的知识，然后重组知识框架，最终形成新的教材知识逻辑思路。

其次是学生的认知水平和知识储备。教师可以通过观察、访谈、提问、测验等方式了解学生已有的生活经验和知识储备情况，以避免重复教学，并用“已知”来促进对“未知”的理解，以此作为教材知识分析和重组的出发点。比如，第二课内容中的中华民族传统美德、中华民族精神等相关内容在八年级的教材中已经学过，中华文化，博大精深的相关内容，学生通过历史学科的学习已经有所了解，这都为本课的教学奠定了基础。同样，学生在八年多的学习生涯中积累了丰富的生活体验和社会阅历，也为挫折内容的学习奠定了感性知识的基础。另一方面，选择和重组知识还要依据学生的认知能力，要符合初中阶段学生的心理认知规律和思维特点。

(2)学科视角下的教材知识分析与重组。教师要从宏观上确立教材的核心知识。核心知识，通常指那些结构明确、适用范围广、自我生长和迁移能力强的基础知识，它们在课程和教材中处于重要的、不可或缺的基础地位，具有内在逻辑的连贯性和一致性。从宏观上确立教材的核心知识，运用联系的观点、整体的视角，才能把课设计得更大气、更厚重，使学生学得更轻松。

首先，要理解思想品德学科核心知识的内涵及学科价值。思想品德学科的核心知识是由学科特点和学科价值所决定的，本学科是以加强初中生思想品德教育为主要任务，帮助学生提高道德素质、形成健康的心理品质、树立法律意识、增强社会责任感和社会实践能力，引导学生在遵守基本行为准则的基础上，追求更高的思想道德目标。思想品德教材是将本课程的价值引导意图转化为学生发展的内在需求和自主选择，真正成为促进学生思想品德发展的重要文本。因此，思想品德学科的核心知识一方面包括一些基本的概念和原理，它在知识的整体结构中处于知识序列前端、知识发展过程中的节点，因而能支配或影响知识的其他部分，比如法律的基本特征、权利义务的辩证关系、可持续发展、民族文化认同感等。另一方面还包括一些主流价值观和分析问题的基本思想方法。“笑对生活”一课中，挫折是本课的核心概念，挫折是指人们在从事某种活动、追求某个目标时遇到的障碍或干扰。整节课内容围绕这一概念从其产生、影响、应对方法等方面展开；同时，要辩证地分析挫折产生的主客观因素、挫折的双重作用，即挫折是灾难也是财富等。辩证地看问题这一隐含的基本观点和学生对待挫折的态度理应成为本课的核心知识。

其次，要居高临下把握教材核心知识的来龙去脉。思想品德教材是以学生为主要读者，对相关的抽象概念和原理，尽可能做到情境化、具体化、简约化。但教师必须站在应有的高度，深刻理解其内涵，把握核心知识的本质，熟悉核心知识的来龙去脉。比如，如何增强民族文化认同感这一问题，按照以下层次逐一分析，教材线索便会十分明晰：狭义的“文化”特指精神财富，如文学艺术、教育、科学等；“认同”是指共有的信仰与情感，以及维持社会秩序的社会角色与身份；“文化认同”是指各民族之间文化的相互理解和沟通，彼此互相依赖和尊重。据此如何增强民族文化认同感就应包括以下内容：为什么要增强认同感？——只有文化上认同，才会有情感上的共鸣，才能提高民族的凝聚力，才能增强民族团结和促进社会安定。怎么办？——①继承优秀的民族传统文化，大力弘扬中华民族传统美德和民族精神。②捍卫民族尊严和祖国利益，正确对待外来文化。③对待民族文化应尊重、珍惜和保护。尽管“文化认同”这一概念是在教材资料链接中出现的，一般不作为考试的内容，但教师只有深刻理解了这一核心概念，才能真正厘清教材知识的线索。

教师要从微观上体会教材知识的细节。首先，教师要寻找核心知识延展的“生长点”。核心知识在整堂课或全书知识体系中处于主导和支配地位，对于核心知识的理解和掌握离不开相关知识的支撑。因此，要从微观上寻找教材知识的细节，理解核心知识的内涵和外延，掌握知识之间的必然联系，当然这种联系不是简单意义上的知识罗列，而是要精心选择那些蕴含核心知识延展的知识“生长点”。比如在第二课中要把握如何增强民族文化认同感这一核心内容，其前提是要知道优秀民族传统文化及其杰出贡献，这是新知识民族文化认同的“生长点”，而对于教材中的“说名字谈文化”“中华文化知多少”“中国结蕴含着深厚的中华民族情结”“保护无形的文化遗产”等具体细节性的知识内容则是一个载体，是教师可以灵活选择甚至可以根据教学实际进行更新替换的内容。又如第三课，教材围绕挫折这一核心概念而展开的挫折的表现、产生原因、应对方法是主干知识。在生活中遇到各种各样的挫折是在所难免的，由于学生的经历和体验不同，遇到的挫折是千差万别的，而学习中遇到的挫折只是学生生活中的一个重要部分，按理说不是必备的知识内容，但是课程标准对本课的要求是："正确认识生活中的困难和逆境，提高心理承受力，保持积极进取的精神状态；正确对待学习压力，克服考试焦虑，培养正确的学习观念。"教材编者把这一知识内容做了有效的整合，如果体会到这样的细节，"正确对待学习压力"这一内容便成了一个不可或缺的"生长点"，也是教学中必须重视的内容。

其次，教师要明确教材知识的边界，淡化细枝末节的知识。在教学中，随着动态的学习活动的开展，新问题也会不断生成，知识也会向纵深发展，在这一发展过程中，必须明确知识的边界，正确处理学科的知识逻辑顺序和学生发展的心理顺序二者之间的矛盾。也就是说，选择的学科知识的逻辑体系，要遵循不同年龄阶段学生的学习心理和心理发展特点。比如上述第二课的内容在高中"文化生活"的第六、七课还要作为重点内容去介绍。高中的课程标准要求是："归纳以爱国主义为核心的中华民族精神的表现，理解立足于中国特色社会主义现代化建设的实践，弘扬民族精神的意义。"可见，对于初中生来说，只要求他们从感性上对民族精神的有关内容有所了解，因此教师不能无原则地拓展和加深，超出初中学生的认知能力。另外要注重淡化和裁剪细枝末节的知识，对教材知识进行分析和重组。有些知识需要扩充，对于那些不符合课程标准要求的内容需要裁减，细枝末节的知识需要淡化，从某种意义上讲，知识分析和重组的过程也是一个不断明确教材知识"边界"的过程。

再次，教师要基于学习目标对教材知识结构进行重组。知识逻辑结构重组的基础是依据课程标准定位的课堂学习目标，不能超越或低于课程标准的要求，在此基础上，才能相应地选择灵活多样的学习活动策略，让学生在活动中感悟和体验，获得直接经验，提高分析和解决问题的能力，提升情感·态度·价值观。比如，第二课的逻辑结构可以重组如下。

第二课　融入民族文化

一、中华文化博大精深

1. 中华文化的杰出贡献。　　　　2. 正确对待民族文化。

二、增强民族文化认同感

1. 具有强烈的民族自豪感，勇敢地捍卫民族的尊严和祖国的利益。

2. 继承优秀的民族传统文化，大力弘扬中华民族的传统美德和民族精神。

3. 正确对待外来文化。

教材是教师教学生活的重要组成部分，对待教材的态度不同，它所产生的效果必然不同。教师要充分发挥自己的主观能动性，利用自己的聪明才智和丰富的教学资源，依据课程标准的要求，围绕促进学生发展这一终极目标，对教材知识进行灵活、变通的处理，才能充分发挥教材的功能，让学生得到更好的发展。

3. 主题活动的设计

案例指引五：几位教师的活动设计

设计和开展有效的学习活动以达到内化知识的目的至为关键。思想品德教材特别强化了活动设计，注重以学生的现实生活为课程内容的主要源泉，以密切联系学生生活的主题活动或生活情景为载体，强调学生在活动中感悟、明理、践行。在实际的教学实践中，有些老师的活动设计和操作还存在着诸多误区。

活动一：一位老师在执教“明辨是非 为人正直”一课时，设计了这样一个活动：播放了一段梁老师在公交车上遭遇小偷的视频。她先播放了这段视频的开头。设计的问题是让学生续写故事的结局和在公交车上应对小偷的方法。

活动二：正确评价自己：“夸一夸你的同桌”“老师眼中的我”“父母眼中的我”。

活动三：针对“情绪是可以调适的”这一内容，为了让学生能体会情绪是与个人态度紧密相连的，认识到情绪是可以调适的，老师让学生结合教材中的漫画和相关链接中老奶奶的故事进行探讨。

活动四：一位老师在执教“难报三春晖”一课时，播放了一段感人的视频《长大以后》，设计了如下两个问题：从法律和道德的角度谈谈为什么要孝敬父母？你打算怎样孝敬父母？

引申的问题

(1)明确目标，彰显活动的主旨价值。学习活动是学生理解、掌握学科知识，发展思维能力的重要平台，是沟通现实生活与理论学习、具体问题与抽象概念之间的桥梁。学习活动包括导入性活动、体验性活动、探究性活动、练习性活动等，活动形式有模拟表演、辩论、主题探究、社会调查等。但无论设计何种学习活动，其目的都是为了学习目标的有效达成。学习活动只是课堂教学的一种形式，而实现学习目标则是内容，形式必须为内容服务，我们追求的是在形式与内容的辩证统一中构建灵动、和谐、高效的课堂教学。因此，学习活动的设计必须为学习目标服务，目标的内容要能体现学习的重点、难点，能反映课程标准和教材对教学的基本要求，目标的结果要指向学生的发展，凸显活动的主旨价值。

主旨明确是开展学习活动的先决条件，任何学习活动都必须基于学习目标而设计，围绕学习目标而展开。有些活动表面上很热闹，但收到的效果不明显，很大程度上是因为活动的目标不明确。上述活动一中，学生们对活动比较感兴趣，很快进入角色，展开创造性的想象，提出了不少创造性的故事结局，并提供了多种应对方法，体现了对学生个性和创造性思维的尊重。但是，那节课的教学目标是让学生明确明辨是非的标准和为人正直的基本要求，教师让学生花费大量的时间去续写故事结局和提出应对方法，尽管对学生的能力和情感体验提出了较高的要求，但这种做法却游离了该课的学习目标。活动二、活动三、活动四都存在此类问题。

(2)节约成本，注重活动的实用价值。学习活动形式是丰富多彩的，演讲、辩论、角色扮演、动手实验、小组讨论、参观访问等都是学生十分喜欢的活动形式。但教师必须针对不同的学习内容和不同年龄阶段的学生而采取不同的活动方式，尤其需要注意的是，设计活动必须注意其可操作性，否则就失去了活动的意义。在有限的45分钟时间之内，活动要有较强的可操作性，尽量减少不必要的环节，减少学生不必要的精力投入，实现学习效益的最大化。

首先，要考虑活动操作的客观性和实现的可能性。上述活动二中，由于刚开学不久，学生之间彼此了解甚少，说的内容很可能是表面的、浅层次的；让父母、教师评价学生在课堂上的表现也很难完成，即使学生说出了父母对他们的评价，但不一定是真实的客观的。还有的教师课堂上经常采取小组竞赛的方式，虽然能调动学生的积极性，但学生过多地关注小组的分数，干扰了正常的教学活动，浪费了大量的宝贵时间。另外，一些社会调查、网上收集材料等活动，也必须视学生的实际情况而定，要考虑活动实现的可能性。

其次，要尽量降低活动的成本。活动效益应该用学生的学习效益来衡量，其具体指标为学生的学习收获量与精力投入量之比。有效课堂的基本追求就在于促使学生用相对较少的精力投入去获取相对较多的学习收获，因此，节约精力投入量和增加学习收获量，是有效课堂的主要原则。围绕同一个学习主题或学习目标，有多种活动可供选择，教师选择活动方式最重要的原则是“不可替代性”和“成本最低化”：“不可替代性”是指所选择的活动方式用其他任何活动方式代替都不足以实现良好的教学效果，“成本最低化”通常指师生在活动中投入的精力最少。比如，活动三中，针对“情绪是可以调适的”，为了让学生能体会情绪是与个人态度紧密相连的，认识到情绪是可以调适的，可以采取很多种活动方式：教材中的漫画讨论、对相关链接中老奶奶故事的探讨、学生进行相关的小品表演、针对视频内容进行探究、开展辩论赛等，选择活动方式就要结合活动目标和学生实际情况，看哪种活动方式教学效果最好、活动成本最低。其实，教学活动也如同日常生活，简单有效、朴实无华才是真。

(3)有效参与，发挥学生的主体价值。在活动四中表面上看学生是动起来了，小组讨论也开展了，课堂上看起来热热闹闹，但在小组讨论的形式下，有的学生却无所事事地看着别人交流、讨论，众多学生回答问题的热情就降低了。

学生参与学习活动的行为可以分为有效参与和无效参与两类。有效参与是指学生有明确的学习动机，参与的活动具有交流性，通过活动收到明显的学习效果；无效参与是指在教学活动中，学生参与的动机不明确，参与方式机械被动，或有明显的表演色彩，尽管参与人次多、课堂活跃，但学生的知识和能力均无明显发展，思维能力没有提高。活动四中，学生不能算是有效参与，究其原因，一是活动目标不明确，选用了一个感人的活动情境，但讨论的问题却是纯知识性的，放大了知识性目标，忽视了情感目标的分量；二是问题过于简单，内容空泛，在书上就能轻易地找到答案，所以活动只是“形动”而非“神动”，学生并没有真正地参与到活动中。

新课程是一个动态化的过程，学生参与是课程实施的核心。学习不是从外向内不断地被动填入新知识，而是学生主动利用已有知识作为新知识的增长点，对知识进行加工和转化的过程。因此，教师在进行学习活动设计时，要着眼于学习者的主体地位，让学生对活动享有“参与性”“选择性”，以激发其学习动机和责任感，充分发挥学生的主观能动性，促进学生对知识意义主动建构。

随着活动实践范围的扩大，经验的丰富，知识的增加，学生思维的深度和广度也在不断增加，这就要求教师在设计学习活动时，要以学习目标和不同学段学生的思维特点为依据，既要注意学生浅层次的感性参与，即通过简单的思维和简单的活动方式参与课堂教学活动，如教师设疑学生答问，围绕设问展开小组讨论等；更要关注学生较高层次的理性参与，即学生在活动中独立质疑，归纳总结，运用已知解答问题或推论出新知，运用联想和想象能力创造出新的意境，等等，这样的活动体现了学生的主体地位，注重了学生的思维过程和能力的开发，活动指向学生的持续发展和终身发展。

4. 问题设计的提升

案例指引六：对几位教师问题设计的修改

在思想品德课教学中，创设丰富多彩的教学情境已为教师们所普遍关注，通过开发和利用学生已有的生活经验，选取学生身边的话题，提供丰富、生动的情境材料，以促进学生感悟和体验生活、体会自主学习和探究学习的意义，培养发现问题、分析问题和解决问题的能力，进而提高他们的素质。然而教师们感到困惑最大的是选择了教学情境之后如何合理地设计问题。“问题是教学的心脏”，它承载着知识内化的功能，问题的设计体现着老师的教学能力和智慧。以下是笔者在教学视导的过程中，帮助几位老师对问题设计进行的诊断和修改。

表 2-2 教学设计中的问题修改

序号	教学内容	教学情境	原问题设计	修改后的问题
问题一	明辨是非为人正直	梁老师在公交车上遭遇小偷的视频	续写故事的结局和在公交车上应对小偷的方法。	从明辨是非的角度评价小偷、梁老师、乘客的行为，并说出这些行为所带来的后果。
问题二	人生当自强	桑兰、杜丽自强不息的材料	她们身上有哪些优秀品质值得我们学习？自强的含义、表现和作用。	她们身上有哪些自强的表现？自强是怎样帮助她们走向成功的？
问题三	情绪的影响	自创表演小品《诸葛亮三气周瑜》	周瑜被气死的原因有哪些？	同学们在表演和看小品的过程中有哪些情绪变化？这些变化对你有什么影响？周瑜被气死说明了什么问题？

续表

序号	教学内容	教学情境	原问题设计	修改后的问题
问题四	孝敬父母	视频材料《你长大后》	看完视频后，你收获了哪些感动？说出你的父母为你付出了哪些？	视频标题定位为《你长大后》有什么寓意？许多同学看完短片后都留下了热泪，你一定有想为父母做点什么的想法，回家后请为父母做一件实事。
问题五	尊敬老师	国家对教师地位的改善采取的措施	我们国家为什么要重视和尊敬教师？	我们可以通过哪些途径获得知识？结合历史知识从正反两方面说说国家重视教师的重要性。从个人与国家的角度谈谈教育的重要性。

引申的问题

(1)立足点：问题与目标的统一。选择情境、设计问题只是一个载体，是课堂教学活动的一种形式，而实现教学目标则是内容，教学形式要服务于教学内容。因此，问题的设计必须有明确的目的，为教学目标服务，既体现教学重点、难点，又反映教材和课程标准对教学的要求，凸显主旨价值。

在表 2-2“问题一”中，该节课的教学目标是让学生明确明辨是非的标准和为人正直的基本要求，调整后问题的主旨非常明确，而且问题的开放性也比较强。问题的设计必须围绕一个明确的教学目标，即解决什么问题、如何解决问题、怎样解决问题。我们现在听到比较多的是“看完视频，你最感动的是什么？”“你最想说的一句话是什么？”“谈谈你的感受……”“对我们有什么启示？”等，这些问题让学生很难回答，因为问题的主旨不清晰，指令不明确。

(2)结合点：设问与情境的统一。问题设计是沟通情境和教学目标之间的桥梁，遵循“问题基于情境材料，问题来源于情境材料”，才能发挥情境的资源价值。因此，问题的设计必须与情境形成关联，充分挖掘情境资源的价值，让学生在情境中感悟和体验，从情境中获取信息，对情境进行鉴别、比较、综合，充分利用材料所蕴含的实际问题及解决问题的思路和线索。在表 2-2“问题二”中，第一个设问过于开放，其答案与本课目标无关，第二个设问与情境没有任何关联性，情境便成了可有可无的点缀。修改后的设问，要求学生对照自信和自强的内涵，分析情境中人物的具体做法，从而凸显用所学知识分析现实问题的实际运用效果，体现思想品德课程的自身价值。

学习过程本身就是一个不断发现问题的动态过程，而教学情境的本质是生动的生活事件。从某种程度上来说，教学情境既是事件，同时又是问题。有的教学情境，本身隐含着教学目标中应当解决的问题，或蕴含着与问题有关、让学生自己去回味思考的问题。在“问题三”中，学生发挥了集体的智慧，利用当今社会流行的语言，创作了剧本，进行了生动的表演。在表演小品和看小品的过程中，每个学生的情绪都在发生着变化，并且对自己的心理和学习状态也产生着不同的影响，因此，调整后的问题设计，充分发挥了小品表演这一情境资源的价值。

一个感人的教学情境能营造一种“完而未完，意味无穷”“心求通而未得，口欲言而未能”的心理境界，使学生获得丰富的情感体验。在“问题四”中，学生在获得如临其境的体验之后，通过自己的积极思考，形成深刻认识，并积极去践行，发挥了情境材料感染人、教育人、引领践行的价值。

(3)切入点：大问题与小切口的统一。在情境教学中，小组讨论、合作探究是常用的教学活动方式。讨论、探究活动能否顺利进行的关键是问题的设计要具有可操作性，要让学生通过努力探索且必须努力探索才能做出正确的价值判断和合理的解释，要能够激发学生的思维，点亮学生思想之火，只有这样才能彰显问题讨论和探究的价值。

一是问题的切口要有可控性。问题不可太难，太难不能启发学生思维，反而会使学生思维停滞，导致“冷场”的现象发生；问题也不可太易，太易会使学生感到简单、无味，从而影响学生探求知识的兴趣。设问的角度要遵循“大背景小切口”的原则，角度太大，学生会信马由缰，比如看完视频材料后你收获了哪些感动？学生可以回答的内容太多。当然，角度也不能过小，否则会导致问题稚幼化，会使部分学生不屑一顾，不愿意回答问题。

二是问题设计要有渐进性，要解决一些难度比较大的问题，需要若干个小问题进行铺垫。因此，教师可以将一些大问题进行分解，遵循学生的认知特点，按教学目标的解决过程，组成一个循序渐进、具有内在联系的问题体系，涉及的知识要从学生已有知识和生活经验出发，逐步接近“最近发展区”。“问题五”中，我们国家为什么要重视和尊敬教师？这一问题属于教学目标的重点和难点问题，学生回答起来比较难，若把它分解成若干个小问题之后，学生就会产生成功解决问题的愉悦感，增强解决难点问题的信心。

三是问题的呈现要利用各种方法增加问题的思辨性和新奇度。问题新颖，才能使学生有足够的探究兴趣和动机；问题具有思辨性，在教材知识和学生求知心理之间形成一种“矛盾”，才更有讨论和探究的价值，吸引学生广泛和深度参与，进而形成思维互动。比如在大街上看到摔倒的老太太，要不要扶？这是一个两难的选择，扶与不扶都有理由，学生在道德两难中进行选择，在解决矛盾与困惑中彰显传统美德的主流价值，在思辨中进一步明晰既要助人，又要掌握合理的助人的方法。

④平衡点：开放与闭合的统一。在情境教学中，选择的教学情境和设计的讨论问题应具有较强的开放性。对同一情境，学生虽然了解的是同样的情境和信息，但对同一问题，每个人都会有不同的见解和不同的解决方法，要求学生多角度、多层次、全方位分析和回答问题，变单向思维、定式思维为多向思维和发散性思维。但

是这种开放性不是无条件、无原则、漫无目的的，教师应该在开放与闭合之间找到一个恰当的平衡点，沿着这个平衡点，找到开放性问题的“回路”。而问题的“立意”就是开放与闭合的平衡点。对情境信息、设问、答案的诸多限制性的规定，是考生揣摩命题者意图的“介质”。只有通过这一“介质”，学生才能运用已有的经验和所学知识，通过自己的思维加工，找到答题的“通路”。

准确把握开放性问题的“回路”，对设问进行适当限制性的规定，以确定学生回答问题的大致方向，否则会导致学生无从下手。比如，“你的家庭在低碳生活方面一定有许多好的习惯。请说出两种习惯与大家分享”中的“家庭生活”和“好习惯”，就规定了学生答题的方向。即使有这些规定，学生的感受也是不同的，解决问题的方案依然是多种多样的。

⑤生成点：预设与生成的统一。教学情境和问题的设计是教师根据课程标准和教材内容事先预设的，但是课堂教学是一个动态的过程，尽管在预设时详尽分析了学生可能会出现的情况，针对重要环节也进行了多角度的设计，但是课堂教学往往具有生成性和不确定性。正如教育家布鲁姆所说：“教学要素都预设好了，教学就不是一门艺术了。”因此，我们要处理好问题预设和生成的关系，做到预设与生成的和谐统一。

首先，在情境和互动中生成问题。教师要善于创设与教学内容、学习目标相适应的课堂氛围，善于捕捉学生的情感变化，使学生在“愤”“悱”状态下生成新的问题；在师生互动、生生互动、学生和教材的互动中，通过及时追问生成问题；在学生反馈中善于倾听、敏锐捕捉新的生成点。其次，在质疑的过程中生成问题。学生在质疑的过程中提出的一些问题是老师在预设时没能想到的，学生能够发现问题、提出问题是一种勇气，是一种能力，也是创新的一种表现，教师要鼓励和保护学生质疑的勇气，培养学生的问题意识。胡适先生曾经说过：“问题是知识学问的老祖宗；古往今来一些知识的产生与积累，都是因为要回答问题。”在课堂上生成的问题，有的通过师生的努力在课堂上可以解决，但是有些问题不是本节课能够完成的。留给学生的问题激发了学生探究和解决问题的兴趣和欲望。

5. 教师的主导地位不可或缺

在整个教学活动中，时时都能看到学生忙碌的身影（查阅资料、加工教材、操作、实验、展示作品）、听到学生交流的声音（演说、质疑、讨论），感受到学生活跃的思维、丰富的想象、求知的激情。在活动中，教师不再是“说教者”“支配者”，但教师的领导者、组织者、引领者、参与者、商谈者的地位是十分重要的，有效活动的开展必须体现教师的主导价值。

学习活动的顺利开展需要教师有序地组织。教师不仅是活动方案的制订者和开发者，还是学习活动的组织者和引领者，不但要对学习活动的形式进行规划和预设、监控活动的有序开展，还要针对活动过程中出现的新情况、新问题，采取灵活机动的措施应对，确保学习活动的健康、顺利、有序地开展。

学生的结论和观点需要老师不失时机地引导和点拨。在辩论、讨论、探究的过程中，学生的答案往往是多样的，提出的方案也是丰富多彩的，但有时会偏离活动目标，看问题也可能偏激、片面，教师必须进行引导、点拨。

学习活动的结果和目标的达成需要老师给予恰当的评价。学习活动的效果如何，要看学生能否提出更多的为什么；是否对学习充满好奇心和期许；是否积极思考，有自己的独到的理解；能否积极讨论、发言，是否具有合作精神；是否对所学的内容感兴趣，对学习有强烈的好奇心。这些目标是否能够有效达成，需要教师对学生进行评价。评价应该侧重于激发学习兴趣、指点学习方法，充分发挥评价的导向性和激励性，通过评价调控学生的学习。

教师要做“站在学生后面的”参与者，要有目的、有计划地逐渐从讲台上“走下来”，更多地“参与”到小组学习中，驻足在学生的课桌旁。要强调教学方式转变中“生进师退”“学进教退”的理念，具体体现在“五步”的要求上。“让一步”：在指导学习时，不要“嚼烂再喂”，由学生自主发现、感知并提出问题；“慢一步”：在解决学生预习中的问题、学习中出现的基本问题时，不要忙于给出答案，“慢一步”挑明，给小组合作、交流展示留下“讲出来”的“话题”；“退一步”：在交流展示、质疑拓展中，不要变成“教师秀”，把黑板和讲台还给学生，让学生自己“讲出来”；“停一步”：在组织课堂教学的过程中，不要在教室中盲目走动，在需要帮助和指导的学生课桌旁驻足观察，发现问题，“一对一”教学；“缓一步”：在教学任务即将完成时，不要急于总结、概括，给学生留下想一想、悟一悟的时间。

三、学科知识的自主学习策略

案例指引七：全球教育界关注的“翻转课堂”①

2004 年，13 岁的侄女纳迪亚请可罕辅导数学。可罕通过电话给纳迪亚讲解，为了阐述得更清楚，他还利用雅虎通的涂鸦功能来图解教学概念。当他们不能同时在线时，他就在 Windows“画图”工具上书写讲解，并录制成教学视频，放在 YouTube 上让纳迪亚自己去看。没想到纳迪亚从此不要可罕实时教学辅导了，转而喜欢上了可罕的教学视频。可罕由此激发出灵感，并开始大量地录制教学视频并放到互联网上提供给更多的人学习。他还用 Java 编写自动练习软件帮助学习者掌握课程内容。如果学习者能连续回答对 10 个问题，软件就会把他们带入下一个较高的水平继续解决更难的问题。可罕的网络教学逐渐得到了越来越多人的喜爱。他录制的数千个教学视频让无数人受益。

---

① 金陵．翻转课堂翻转了什么．中国信息技术教育，2012(9)：18

当前这种"翻转课堂"教学模式引起了世界教育界的关注。传统的教学模式是老师在课堂上讲课、布置家庭作业、让学生回家练习。与传统的课堂教学模式不同，在"翻转课堂"中，学生在家完成知识的学习，而课堂变成了师生之间和学生之间互动的场所，包括答疑解惑、知识的运用等，从而达到更好的教育效果。

"翻转课堂"的实践证明了学生具有自主学习的潜能，具备自主学习的能力，这种能力和潜能需要老师给予机会，需要老师去开发。

"翻转课堂"颠覆了传统的教学流程。过去学生在课堂上"齐步走"，学习新知识，课后自主学、运用学到的知识和技能。而"翻转课堂"则是课前自主学、课堂中教师因材施教或开展活动，帮助学生掌握和运用在课前学到的新知识与技能。

"翻转课堂"翻转了传统的教学理念，真正做到了"以学生为中心"，做到了"因材施教"；翻转了教师和学生的角色。传统课堂里，教师是知识的拥有者和传播者，而学生是被动的学习者。但在翻转课堂里，学生自主学习，教师有针对性地进行个别指导。

"翻转课堂"翻转了传统的教学模式。传统教学往往是课前课后由学生自学，学生有依赖心理。而"翻转课堂"则可以很好地利用混合学习模式，巧妙地将在线学习与面对面的教学、新知识与技能的学习及其应用和迁移有机地结合起来。

(一)自主学习策略与方法

以上案例较好地体现了学生自主学习的要求，学生自主学习的方法贯穿了整个课堂。建构主义理论认为，学习不是由教师把知识简单地传递给学生，而是由学生自己主动建构知识的过程，这种建构是无法由他人来代替的。布鲁纳认为，发现不仅仅限于寻求人类尚未知晓的事物，正确地说，它包括用自己的头脑获得知识的一切方法。波利亚认为，学习任何知识的最佳途径是自己去发现，因为这种发现理解最深，也最容易掌握其中的内在规律、性质和联系。思想品德学科知识只有通过学生自主感知、体验、领悟、实践才能内化为学生的学习成果；每个学生都有能力通过自主学习掌握学习内容。

由戴尔初次提出、美国缅因州的国家训练实验室经过研究之后把学习方式分为七种，其中学生被动听讲的学习方式，学习效果最差；而"教别人"的学习方式，学习效果最好，因为学生经过独立思考，对知识进行加工、重组，实现了对知识的巩固和深化。"教别人"作为课堂教学的重要方式和环节，使程序性、策略性知识的学习成为一种课堂教学的自觉。自主学习贯穿整个学习过程，自主学习的主要途径和方法见图 2-2。

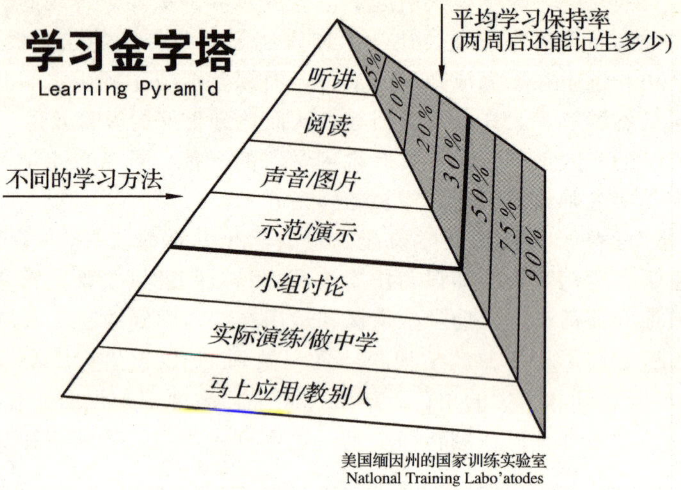

图 2-2 学习金字塔①

“自主先学”是后续学习的基础。由学生在课前或课内自主学习，发现疑难，提出问题，经由教师和学生共同梳理后，提取出课堂学习的主要问题(知识点、重难点)。学生带着思考和质疑进入讨论，达到提高课堂教学的针对性的目的；同时，给予一定的学习时间和进度安排的自主性，保证不同学习程度的学生“异步”学习的公平机会。

“小组讨论”是贯穿课堂教学过程的教学组织形式。通过“兵教兵”实现“一对一”的教学。在自学的基础上，通过小组合作讨论解决生生交互可以解决的问题。

“交流展示”是固化学习成果的重要环节。借助黑板、投影等媒体，学生报告学习成果，引导其他学生整理学习内容，厘清问题解决思路，培养学生概括观点、问题表述和问题解决等综合能力。

“质疑拓展”是深化学习的环节。在小组研讨的基础上，把共性的问题、组内尚未解决的问题、需要拓展探究的问题，通过教师指导、组际竞赛等方式，进一步加以解决，发展学生批判性思维。

“检测反馈”是评价、反馈、矫正的环节。学生在检测中查漏补缺，提高目标的达成度。

“小结反思”是建立知识联系、领悟学习成果的环节。学生自主概括、小结学习内容，绘制知识结构图、思维导图，领悟学习方法，养成良好的学习习惯。

① 学习金字塔是由美国学者埃德加·戴尔(Edgar Dale)1946 年率先提出的。

案例指引八：问题出在哪里？

以下是两道期末试题。

试题一：多角度思考问题有利于提高思维能力，以下三则材料来自于《思想品德》教材，当我们换个角度去思考这些内容时，会对其理解得更深刻。

材料一：由于人在考虑问题时立场和出发点都不相同，双方考虑自己观点的合理性多，考虑对方观点的合理性少，所以很容易引起冲突。这就要求我们，当冲突发生时，应反过来问问自己，设身处地地为对方想想，如果彼此都能做到心理互换，站在对方的角度看问题，那么冲突就不会发生。

材料二：我曾经学习成绩特别好，经常受到老师的表扬，可是因为一件事情改变了。那是初中的某一天，我因故缺了一节课，老师告诉了家长，父亲暴怒，把我狠狠打了一顿。自那以后，我开始恨自己的父亲，更恨老师……

材料三：学会承诺，要求我们在承诺之后尽力而为。然而，事物的发展有时是难以预料的。在我们践行诺言的过程中，由于当时许诺的环境、条件变了，当初许下的诺言已无法实现。

阅读上述材料，运用所学知识回答下列问题。

(1)材料一告诉我们一个重要的看问题的方法，利用这种方法可以有效化解冲突。请举出一个实例加以验证。

(2)请尝试运用材料一中看问题的方法思考材料二中老师和父亲的做法。

(3)假如你是材料三中的承诺人，请用材料一中的观点写出你的做法。

试题二：某市城建重点工程——公共自行车系统正式启用后，受到市民的普遍关注。某校八年级(3)班同学对此非常感兴趣，开展了探究活动，请你参与其中。

同学们通过实地观察、查阅资料获得了以下信息：2012年9月29日，4000辆公共自行车亮相街头，成为市民便捷、低碳、环保出行的交通工具，受到广大市民的追捧，不少同学也都尝试过这种免费自行车(1小时内免费)。但据了解，公共自行车正式使用以来，有的“很受伤”。多辆自行车因人为破坏而伤痕累累：有的锁舌被撬变形，有的车座被划了个大口子或被抠个洞，还有的车篮严重变形，车圈因变形无法转动……

【发现问题】同学们针对以上信息提出了许多问题，请你提出两个合理的问题。

【分析问题】用行为与后果关系的知识分析市政府推行公共自行车系统的积极意义。

【解决问题】请你就如何减少公共自行车的人为破坏现象提出两条合理化建议。

从学生的试卷分析中可以看出，学生在问题解决中存在以下问题。

一是思考问题的逻辑不畅。上述第一题中的第一问：材料一告诉我们一个重要的看问题的方法，利用这种方法可以有效化解冲突。请举出一个实例加以验证。我们通常让学生从情境中提取有效信息去分析问题，而该题是让学生举例验证某个观点，学生对此束手无策，一方面反映学生对基本概念没有真正理解，另一方面也反映学生在思考问题的逻辑上存在问题。

二是发现和提出问题的能力欠缺。上述第二题中的第一问，要求学生依据情境提出两个问题，有相当一部分学生在此失分严重，提出的问题不符合情境要求，问题表述得不恰当等。

三是知识的迁移和运用能力不足。当要求学生“用行为与后果关系的知识分析市政府推行公共自行车系统的积极意义”时学生对行为与后果的关系基础知识掌握了，但在新的情境中，运用这一知识分析新的问题时束手无策。

四是解决新问题缺乏创新。对于“请你就如何减少公共自行车的人为破坏现象提出两条合理化建议”这一问题，学生的答案很大程度上是按照老师应试训练的模式，提出一些老套的建议，鲜有创新性的方案和方法。

案例指引九：公民教育实践活动——临顿河污水整治问题①

步骤一：问题陈述

有着“东方威尼斯”之称的苏州古城，水乡泽国，依水而筑。“水”是这个城市最灵动的双眸。临顿河位于苏州市中心，与交通要道临顿路平行，与观前街相接。近年来，由于人为的因素，水质变得越来越差。政府也采取了拓宽、清淤等措施，使水质得到缓解。但是，污染还在继续。这条河就成了古城中一个不和谐的音符，影响了苏州水城在游人心目中的形象。

步骤二：现有政策

《中华人民共和国河道管理条例》(1988 年 6 月 10 日国务院发布)。

《江苏省河道管理实施办法》(1996 年 8 月 23 日江苏省人民政府第 80 号令)。

《苏州市河道管理条例》(2004 年 10 月 22 日苏州市人大常委会制定)。

步骤三：替代方案

我们对现有政策进行了有针对性的分析(原文略)。

《江苏省河道管理实施办法》明确规定了执法部门的职责和管理范围，这利于日常事件的依法执行，但也有缺点。如该办法的第二条说要协调水事纠纷，但没有规定如何协调，导致许多污染事件只是通过赔偿解决，而很少探查污染源以及涉及其他更深层次的问题；该办法的第三条流于形式，因为政府不会专门对一条河的建设和开发提出计划，这就滋生了臭水河、垃圾河。

该办法第八条规定：“县级以上人民政府河道主管机关应当建立健全河道管理机构，加强河道工程管理，提高管理水平，确保工程安全运行。”

鉴于以上情况，我们制订了小组行动计划。

---

① 本案例节选自鞠文灿，杜文艳．公民教育实践活动案例集萃．江苏：江苏人民出版社，2009：231

第一：建议有关部门在河边繁华地段设立电子公告牌，提醒游客和居民不要往临顿河里排污、扔垃圾，多派人维护临顿河的清洁。

第二：建议管理部门科学地开闭闸门，让临顿河流动，维护河道清洁。

第三：建议管理部门安排科学技术人员进行指导，合理保护河道。

步骤四：行动计划

行动一：向河道周边居民和饭店发出倡议：《致周边居民倡议书》《致周边饭店的倡议书》(略)。

行动二：进行污水净化问题问卷调查及情况汇总。(问卷和汇总略)

行动三：实地走访周边居民，宣传相关的法律、法规。

行动四：向观前街街道提交整顿河水的设想。

步骤五：举行听证

邀请街道负责人、管理部门领导、国外专家参加听证会。

步骤六：总结反思

教师把全班学生分成四个小组，分别就"我们的问题""现有的政策""我们的方案""我们的行动"展开全面调查分析。同学们找来了省市河道管理规定，查找了对临顿河治理的条款；汇集了包括苏州古城风貌的河道治理大举措，周边城市如上海治理母亲河的案例，法国、德国等治理的做法等。通过实地调查、现场采访、比较分析，形成了解决方案。为了准备听证会的材料，学生进行了多次模拟，为了便于国外专家了解我们的研究过程和结果，学生把文字材料都翻译成英语了。

通过公民实践活动，我们从课堂、书本走向更广阔的社会，开辟了融入社会的途径，创造了锻炼的机会，开始以小公民的身份关注身边事，解决身边的现实问题，增强了实践能力，提高了发现问题、分析问题、解决问题的能力。

新《课标》增加了公民意识教育，旨在培养学生的公民意识，引领学生亲近社会，关注生活，参与生活，在生活体验中经历、感悟，增强责任感；在生活中发现问题、提出问题、分析问题、解决问题。随后，各地的教材依据新《课标》进行了修订。

目前，全国部分中小学开展了公民教育实践活动，公民教育实践活动的步骤主要有：确认问题、选定问题、收集资料、制订方案、举行听证、总结反思等。在实践活动中，学生成为项目课题的学习者、研究者，成为问题解决的亲历者、参与者。学生收集整理信息、分工协作、合作交往的水平和能力得到显著提高。学生的策略意识、创新能力、演讲水平和思辨、应变能力得到前所未有的锻炼和培养，学生的法律意识、公民意识和责任意识显著增强，学生的视野和知识面随之大大拓宽。在这种活动中，学生的学习方式和生活方式都发生了深刻变化，学生问题解决的能力得到了明显提高。

(二)问题解决学习策略

思维总是体现在一定的活动过程中，主要是在问题解决的活动过程中。思想品德“问题解决学习”是指学生面对新情境、新课题以积极探究的态度、创造性地运用所学知识、技能和生活经验解决新问题的探究活动，是学生在生活情境中去构建品德和促进社会发展的过程。思想品德学科“问题解决学习”中涉及的问题一般有以下几类：建构思想品德学科知识的问题；以学生生活为基础探讨社会环境、社会活动、社会关系的问题；探寻环境与社会活动之间的关系的问题；如何运用已有知识技能解决现实生活中的道德问题。“问题解决学习”的基本步骤和程序如下。

1. 发现问题

发现问题是解决问题的起点，也是解决问题的一种动力。问题一般有两种类型：一是由教师依据教学目标提出的，比如课堂上教师设计的讨论探究题、作业题、检测问题等；另一类是在教师的指导下，由学生自主发现问题、现实生活中的问题。

2. 明确问题

发现问题后，要进一步明确问题的范围，找出问题的实质，识别问题最基本的条件是要占有丰富和真实的材料，并对这些材料进行认真分析和研究，找出其中的有效信息，这样才能抓住问题的关键和核心，确保问题得到顺利解决。首先要弄清这个问题“是什么”，然后再将影响这一问题中的各要素进行分解、分析，最后再依据所学知识或经验按题目要求的本来面目进行整合归纳。

3. 提出假设

假设是解决问题的必由之路，在解决问题的过程中，要根据已有的知识及自己的生活经验和所收集的有关资料，发挥想象力、创造力，对问题提出合理的推测和假设。

4. 制订方案

提出可能性假设后，要推断出最为合理的一种假设，并针对这一假设提出解决问题的方案，内容包括探究方式、解决方法、完成计划等。解决问题的方案要尽量在教师的指导下由学生自己提出，培养学生的探究能力以及解决问题的策略。

5. 验证假设

对制订的方案是否能解决问题必须通过检验来证明，可通过收集、整理有关支持假设的材料，并进行分析、概括而得出结论。其中包括学生要根据已确定的方案去收集支持假设所需要的事实和证据，以此来验证假设的有效性和正确性。如果假设在实践中行不通，就需要重新提出假设和验证假设，再次经历问题解决的过程。

6. 反思总结

反思是问题解决学习的最后一个阶段，对获得结论的整个思维过程进行检查，检验推理是否合理，答案是否正确，反思经验和教训。在解决问题时要注意过程中的经验积累，提高解决问题的能力。

第三章
用活学科知识的技能与实施策略

引言：思想品德课堂需要生活化

案例指引一：保护碧水蓝天——我们在行动①

一、导入课题

播放视频：2012年央视元宵节晚会中于文华和朱之文合唱的歌曲《沂蒙山小调》。

师：这首经典老歌，歌颂了八百里沂蒙的美好时光。让天更蓝、山更青、水更绿，是每个沂蒙儿女共同的责任。

二、教学过程

（一）多媒体展示沂蒙风景图片

展示蒙山国家森林公园、英雄孟良崮、神奇的岱崮地貌、汶河岸边翩翩起舞的白鹭等相关图片。

设问：(1)当你徜徉在蒙山沂水之间时，你有何感受？

(2)在欣赏这些美景的同时，你看到了哪些人与自然不和谐的景象？

（学生列举：水污染、大气污染、白色污染、干旱等，其中一男生说："老师，我不喜欢蒙山上的木栈道，因为这是浪费木材，破坏森林资源。您说是吗？"）

……

（二）两会热词解读——PM2.5

多媒体展示关于PM2.5的资料。2012年2月PM2.5首次被写入新修订的《环境空气质量标准》，同年3月5日又首度出现在政府工作报告中。温总理在报告中指出，2012年在京津冀、长三角、珠三角等重要区域及直辖市和省会城市开展细颗粒物(PM2.5)等项目监测，2015年覆盖所有地级以上城市。

设问：

1. 请同学们说出防护PM2.5的方法。

---

① 任碧宵．保护碧水蓝天——我们在行动．思想政治课教学，2012(5)：53

（学生回答：a. 出现雾霾天气，外出时最好戴上口罩。
b. 雾霾严重的时候，在室内也尽量关上门窗。
c. 选择中午前后空气质量较好的时间段进行户外运动。
d. 远离汽车道，到绿化较好的地方运动。）

2. 为减少 PM2.5 污染，青少年在日常生活中可以怎么做？

（学生回答：a. 爱护身边一草一木，植树造林。
b. 多骑自行车，乘公共汽车。
c. 建设家长少开私家车。
……）

这是一个生活气息浓郁的课堂。从国家生活层面来看，有环保问题、元宵节晚会、新修订的《环境空气质量标准》、温家宝总理的政府工作报告等。从家乡生活层面来看，有歌曲《沂蒙山小调》、蒙山风景、学生身边的不和谐现象等。从学生生活层面来讲，学生结合自身实际列举了防护 PM2.5 的方法和减少 PM2.5 污染的做法，以及对待人与自然不和谐现象的看法等。

正是因为课堂教学准确地把握住了生活的脉搏，从而激发了学生的参与热情，激活了他们的生活经验，使其思维活跃、畅所欲言，使得课堂气韵流畅、精彩纷呈。更重要的是，有了学生对于号称“天下第一木游道——蒙山上的木栈道”以及它的设计者的质疑——木栈道浪费木材、不环保。这种挑战权威、挑战常规的思维与勇气，正是在生活化的情境中孕育而生的。一节课中，教师没有直接告知如何环保，而是通过生活化资源的选用、生活化场景的模拟，以及生活化的课堂的延伸，让学生去思考、发现，去感悟和实践，这就是生活化课堂的魅力。

一、创设魅力型生活化的思想品德课堂

（一）教学活动生活化

1. 导入生活化

陶行知认为“生活即教育”。教育与生活紧密相连，只有与生活相结合的教育才是真正的教育。传统课堂不受学生欢迎的一个重要原因是课堂过于理论化，远离了学生的现实生活，因此，打造生活化的思想品德课堂迫在眉睫。良好的开端是成功的一半，导入是课堂教学中的重要的一环，教师应该设计贴近社会生活以及学生生活经验的导入环节，立疑激趣，从而抓住学生的心理，使其轻松愉快地开始学习。

案例指引二：苏人版七年级下册第21课“关爱你我生命健康”①

本课主要是让学生知道保护生命健康的方法和重要性。在导入环节，教师设计了两个场景：放学后街边的勒索敲诈和火灾现场，然后将场景分配给A、B两组，并设置出相关的问题。

场景一：星期一傍晚，刘洋放学回家，在路过一段偏僻的小路时被几个社会青年围住了，逼他交出身上的钱。

问题：

1. 刘洋应该怎么办？

2. 大家能否总结出针对学生的敲诈勒索在时间、对象、手段上有什么特征？

3. 有哪些应对方法？

A组同学呈现的讨论内容如下。

案发时间：晚上或午间，学生放学、下晚自习时段。

案发地点：校园外比较偏僻、人少的地段。

抢劫对象：体型较弱的学生、女生以及一些看上去有钱的学生。

应对敲诈勒索和抢劫的方法分为较为实用的方法，如周旋法、假装服从法、伺机逃跑与呼喊法等；还有不太好方法，如反抗法、抵触刺激法等。

场景二：周末，李芳约了好友张雅一同去大型商场购物，忽然她们闻到了一股强烈的焦味，耳边有人在大喊“着火啦”。

问题：

1. 这时她们应该怎么办？

2. 在人群聚集的一些公共场合(教室四楼、高楼民居、大型商场)发生火灾时，我们应该如何更好地保护自己的生命健康？

B组同学呈现的讨论内容如下。

1. 在学校要做到：排队有序，听从老师的指挥；低着头、弯着腰跑，弄湿毛巾、捂住口鼻往外跑；及时跑到操场上去。

2. 高楼中：辨明起火方位，决定逃生路线；湿巾蒙住口鼻，匍匐逃离火场；把消火栓打开，在卫生间避难；用好避难层，千万别跳楼。

3. 大型商场里：要做到按照商场疏散指示标志疏散；尽量走防火通道(防烟楼梯)，不能乘坐普通电梯；在下楼梯时应抓住扶手，以免被人群撞倒、踩伤；将商场的毛巾、口罩浸湿后捂住口鼻，把商场的绳索、布匹、床单、地毯、窗帘牢固打结联结起来，固定好一端，从窗口开辟逃生通道等。

这种生活化的导入方法极大地激发了学生的兴趣，使学生在既紧张又兴奋的状态下不知不觉地进入学习情境，学生的参与度很高。学生呈现出的许多答案是书本

---

① 此案例来自江苏省淮安市金湖县外国语学校张华强。

中没有涉及的，并且通过生活化的表演，学生能更好地掌握逃生的常识和要求；从而使教材的观点由抽象的理论变得生动、具体、通俗易懂，激发了学生探索和实践的热情，体验到获得知识的快乐。

生活化的导入形式其实是多种多样的，如逸闻趣事的导入、影视歌曲的导入、故事的导入、新闻的导入、实验的导入、悬念的导入、寓言导入、诗歌导入等，其目的就是激发学生的兴趣，启迪学生思考，唤起学生情感，吸引学生的学习注意力。此外，一个优秀的课堂导入，还要能唤起学生的真实生活经验，从而引导他们更好地认识生活、学会生活，让课堂教学有效接轨生活。

2. 活动生活化

法国教育家卢梭认为：教育应让学生从各种活动中、从生活中进行学习，通过与生活实际相联系，获得直接经验，主动进行学习，反对让学生被动地接受说教，或单纯地从书本上进行学习；教师的职责不在于教给学生各种知识和灌输各种观念，而在于引导学生直接从外界事物和周围事物环境中进行学习，同学生的生活实际相结合，从而使他们获得有用的知识。因而，教师在教学中要注意创设生活化的活动，以激发学生的求知欲，引起学生的好奇与思考；使课堂教学更加接近现实生活，使学生身临其境，如见其人，如闻其声，加强感知，从而突破重难点。

案例指引三：苏人版八年级上册第2课“自己的事情自己干”[①]

为了培养学生良好的自我服务意识，增强学生独立自主的能力，课堂上教师组织全体同学开展“叠校服”比赛。

比赛规则：

(1)在规定的时间内完成校服的脱、折叠。

(2)判定标准是衣服要叠整齐，叠的方式可以各异。

活动过程：

1. 介绍比赛规则。

2. 比赛正式开始。有的同学仅用几秒钟就把衣服叠好了，有的同学精益求精，把衣服每个角都叠得整整齐齐，可是有的同学越急越乱，衣服怎么也叠不整齐，引得旁边的其他同学拼命地喊着“加油、加油!”有的同学扭纽扣、翻衣领、折衣袖，有条不紊，叠出的校服“棱角分明”。

3. 活动结束后，让大家选出叠得较好的同学介绍方法，再进行一次巩固训练。

“叠校服”比赛是一种生活化场景的再现和模拟。它极大地激发了学生的参与热情，让学生体验了劳动的乐趣和成功感，同时活动具有很强的操作性和可控性，能够拓展、丰富生活经验。现在很多学生生活自理能力欠缺，组织该活动教师可以对学生的自理能力状况有一定的了解，学生也可以将生活中如何整理房间的经验进行

① 此案例来自江苏省淮安市金湖县外国语学校戴玉花。

交流分享，促使其重新认识生活、丰富生活经验，体会生活的意义。

“纸上得来终觉浅，绝知此事需躬行。”教师的千言万语抵不上学生在亲身体验中获得的点滴感受。在思想品德课堂教学中，一定要努力开展生活化的丰富多彩的活动，只有这样思想品德课才会焕发出生命的活力。

(二)教学资源生活化

1. 生活化的学生资源

学生资源是指在课堂教学中来源于学生的，包括学生已有的知识、生活经验、情感、动作等，通过师生互动而生成的、有利于教学的资源。

建构主义认为[①]，学生不是空着脑袋走进课堂的，他们在日常生活中和以往的学习中已经形成了有关的知识经验，对任何事情都有自己的看法。即使有些问题他们从来没有接触过，但当问题呈现在他们面前时，他们还是会基于以往的经验，依靠其认知能力，形成对问题的解释，并提出他们自己的假设。这些经验和知识是学生学习新知识的基础。

案例指引四：苏人版七年级第2课“我自信 我能行”[②]

本课教师这样设计。

师：长颈鹿有长颈鹿的本领，小山羊有小山羊的本领，它们都有自己的长处，所以它们在对方面前才如此自信。我们培养自信也需要让自己的长处得以充分发挥，任何时候都要把握住自己的长处。

师：同学们，你们有哪些长处？能展示一下你的才能吗？（课堂一下安静下来）

师：学校就要举行运动会了，我们班哪些同学是运动员？（同学们纷纷报出代表班级参加运动会的学生名单）

师：（叫了一位参加运动会的同学）看来你很喜欢体育，运动会你参加了什么项目？

学生1：我喜欢长跑，学校运动会我每年都参加，而且都能取得好的名次，小学的时候还代表学校参加了县运动会。

师：真不错，看来运动会上你要大显身手、一展英姿了，到时候我们到运动场上为你加油。（同学们都很赞同，气氛一下子活跃了起来）

学生2：我擅长绘画。

师：那好啊，你就为我们展示一下，就画书本上的长颈鹿怎么样？（学生到黑板上展示）

师：画得真好，很形象。

---

① 徐斌艳，吴刚，高文．建构主义教育研究．北京：教育科学出版社，2008

② 此案例来自江苏省淮安市金湖县外国语学校张仁国

……

师：运动，我能行；绘画，我能行……看来同学们都有很多的长处，也表现得很自信。只要我们找出自己的优势，不断挖掘自身的潜能，在现有的基础上不断进步，我们就会越来越自信。

师：同学们，心理学家加德纳认为，每个人都至少有八种智能，结合上节课所学习的内容，想想你还有哪些潜能可以挖掘？（学生回答略）

师：每个人都是有待开发的宝藏，都具有多方面的潜在能力，只要我们不断挖掘，充分激发它，相信我们会逐步树立起自信，促使自身最终走向成功。

案例点评

本节课，教师没有舍近求远，而是从学生自身生活实际出发，让学生发现自己的优点，展示自身的特长，由此来树立起自信。从课堂学生交流的情况来看，并不是只有学习成绩好的学生有自己的特长，即使是成绩不够出色的学生，他们也有自己的特长，通过课堂的现场展示，学生充分认识到自己的特长，又意识到自己还有好多潜能可以挖掘，这样可以使其更加自信，从而达到了本节课的教学目的。

2. 生活化的社会资源

著名思想家卢梭曾说过，“社会是书，事实就是材料。”基于社会生活的学习，不只是简单地了解社会生活，还要以社会生活中的材料来论证知识、理解知识。生活本身是教育，但教育决不能停留于现实的生活，而是要引导学生提炼生活，勇于创造生活。在思想品德课教学中，教师要帮助学生了解经济社会发展的新形势、党和国家的新政策，引导学生在观察、分析现象问题的过程中思考生活、提炼思想、去伪存真，形成对现实生活正确的认识、对人生积极的态度，掌握科学的思想方法，以及观察问题、解决问题的能力。

社会生活是学习思想品德课的大课堂，因此在教学中，教师要及时把社会焦点、时政热点等社会资源纳入课堂教学范畴，为构建生活化课堂打下坚实基础。

案例指引五：苏人版九年级第 11 课“心忧天下 向往和平”①

为了让学生正确认识和平与稳定是社会发展的前提以及世界和平目前所面临的新威胁，课前要求学生收集近期有哪些国家的行为给地区或世界和平与发展带来了威胁。大部分同学都收集了许多资料。

材料一：中新网 2013 年 12 月 17 日综合报道，日本政府 17 日将召开内阁会议，计划通过《中期防卫力量整备计划》《国家安全保障战略》和新版《防卫计划大纲》。这三份文件中不少内容露骨地直接把中国描述为“威胁”。有媒体称，安倍的“安保三箭”，可谓箭箭瞄准中国。近期以来，日本不断把矛头指向中国，持续渲染“中国威胁论”，并以此为借口扩充军备，其背后意图昭然若揭。而安倍所谓的“积极和平主

① 此案例来自江苏省淮安市金湖县外国语学校吉文军。

义”虚伪性暴露无遗。

案例点评

将社会热点引进课堂，首先，锻炼了学生收集和筛选材料的能力、捕获时政消息的能力。学生要获得这些材料必须要上网或看报纸才能知道，面对那么多信息要学会有选择地利用。这也锻炼了他们分析问题的能力。

其次，可以加深学生对维护世界和平重要性的认识和理解。如果仅仅用书本中有关两次世界大战、伊拉克战争、阿富汗战争等材料，学生会感到很遥远、很陌生，很难对世界和平面临的新威胁有更深刻的认识和了解。通过分析日本近期的行为表现，可以让学生感到对和平的威胁就在身边，要坚决反对日本的行径，为维护世界和平做出自己的贡献。

最后，让学生认识到日本对中国的野心仍然不死，从而增强学生的忧患意识和爱国情感，激励学生树立远大理想，为实现中华民族的伟大复兴而努力奋斗。

当然，在平时的教学中，引用社会生活中的材料不要太杂、太空洞，面不要太广，要尽量贴近学生的生活实际，这样更容易被学生理解和接受。

(三)教学延伸生活化

杜威指出：“从儿童的观点来看，学校的最大浪费是由于儿童完全不能把在校外获得的经验完整地、自由地在校内应用；另一方面，他在日常生活中又不能应用在学校学习的东西。这就是学校与生活的隔离。”这种隔离导致了学生的学习孤立于社会生活之外，最终会成为“理论的巨人、行动的矮子”。

基于生活立场的公民实践活动是对思想品德课堂的一种延伸，它在学校与社会之间架设了桥梁，在课堂与生活之间铺设了通道，融通了教材的知识世界与学生的生活世界。它能将课堂的触角延伸至课外、植根于生活，把学生的视野引向广阔的社会，让学生在生活中学习、在学习中实践，从而培养学生关注现实、关心社会的情怀。

案例指引六：公民实践活动：“居民生活垃圾分类处理问题研究”①

活动背景：

学完环保一课，适逢×县正在创建省级“文明城、卫生城、园林城”，教师结合地方资源，对本课做了拓展和延伸，指导学生开展了实践活动。（以下是学生整理的活动步骤）

步骤一：找出城区公共生活的相关问题

学完“保护环境”一课，老师希望我们能为家乡环保工作献计献策并做些力所能

---

① 王芳．居民生活垃圾分类处理问题研究．公民教育实践活动案例集萃（江苏省教研室），2008：277～285

及的事。于是，我们利用节假日走访周围居民，了解到大家对下面这些问题较为关注：①社区绿化问题；②生活垃圾处理问题；③小区卫生管理问题。

步骤二：选择并确定班级研究课题

适逢×县“三城同创”之际，目前，垃圾入箱等问题有明显好转，但垃圾分类仅处于起步阶段，做好这项工作意义深远。所以，同学们投票确定了《居民生活垃圾分类处理问题》作为我们的研究课题。

步骤三：展开调查、收集资料

活动1：走上街道、走进社区。

活动2：走访专家、走进相关部门。

活动3：深入学校开展问卷调查。

调查在本校及××中学进行，此项工作由××和××负责。

问卷内容及统计情况(略)

步骤四：分类整理，形成报告。

人员分工及研究报告(略)

步骤五：制作展板，召开听证会。

学生的反思与收获：

第一，圆满完成了该项研究活动，并形成报告。懂得了做任何事都要善始善终，不能半途而废。

第二，在不同的活动阶段都要进行相应的人员分工，我们学会了协商处理问题，彼此尊重、理解，欣然接受分工、顾全大局。投入工作毫无怨言，且尽职尽力。

第三，在调查过程中，学会了如何与不同年龄、不同职业的人交往，锻炼了我们的人际交往能力、口语表达能力、动手操作能力、分析处理问题的能力。更深切地懂得了我与他人、我与社会的关系。

第四，我们深刻地认识到：社会是个大课堂，生活是本大书。作为新时代的中学生，我们不能死读书，要关心社会，关注生活，将自己的所学所知、所思所想与社会实际紧密联系起来，并积极参与社会实践。

第五，通过参与课题研究，了解到×县目前居民生活垃圾分类处理的现状及存在的诸多问题，认识到环保工作的紧迫性，也增强了我们的责任意识。

陶行知先生曾提出著名的“解放论”。案例中的这一实践活动恰好就彻底地解放了学生。学生走进社会大课堂，走向生活大舞台，用自己的眼睛去观察，用自己的头脑去思考，用自己的双手去触摸，用自己的双脚去丈量，他们在全员、全程、全面的参与体验中真正还原了自我。这是一种延伸。公民实践活动打破了传统课堂与外界生活间的壁垒，拓宽了课堂的口径，使其与社会生活有机衔接、有效融通，学生得以在广阔的时空中施展才能，舒展身心，演绎精彩。这是一种成长。其实，收获与成长的又岂止学生，教师应该明白，生活才是最好的老师。

生活是思想品德教学的基础。生活中蕴含着知识与力量，是形成知识、能力、情感、态度、价值观之母，它教给人生存、发展技巧，教会人如何走向成功。再复杂抽象的理论一旦回归生活，就会变得生动与简单。脱离了生活，教学就如同无源之水。

生活为思想品德教学注入活力。丰富多彩的生活散发着诱人的魅力，融入感官，动人心灵。将生活引入教学，学生会有亲切感、认同感，其学习的积极性、主动性将被激发。

思想品德教学最终服务于生活。学生的学习始于生活，又最终回归生活。学生学习知识，提升能力，感悟真理，陶冶情操，树立正确的世界观、人生观、价值观，而这些最终是为了回归和服务于他们的生活。

二、有效培养学生创造性思维能力

我国著名数学家华罗庚曾说："'人'之可贵在于能创造性地思维。"创造性思维是人类独有的高级心理活动过程，人类所创造的成果，就是创造性思维的外化与物化。创造性思维是在一般思维基础上发展起来的，是人类思维的最高形式，是以新的方式解决问题的思维活动。创造性思维强调开拓性和突破性，在解决问题时带有鲜明的主动性，这种思维与创造活动联系在一起，体现着新颖性和独特性的社会价值。创造性思维的特性主要体现在以下六个方面。一是思维的求实性：善于发现社会的需求，发现人们在理想与现实之间的差距，从满足社会的需求出发，拓展思维的空间。二是思维的批判性：敢于用科学的怀疑精神，对待自己和他人的原有知识，包括权威的论断。三是思维的连贯性：平时善于从小事做起，进行思维训练，不断提出新的构想，使思维保持活跃的态势。四是思维的灵活性：善于巧妙地、机动灵活地转变思维方向，产生适宜的办法。善于选择最佳方案，富有成效地解决问题。五是思维的跨越性：思维进程带有很大的省略性，其思维步骤、思维跨度较大，具有明显的跳跃性。六是思维的综合性：详尽地占有大量的事实、材料及相关知识，综合运用多种思维方式，深入分析、把握特点、找出规律、创造出新成果。创造性思维的形成必须经过自觉的培养和训练，必须积累丰富的知识、经验和智慧，必须敢为人先勇于实践，善于从失败中学习。

（一）注重联系，触类旁通，培养思维的广阔性

思维的广阔性着重表现于学生能全方位、多角度地考察问题，全面而客观地认识事物的本质，能形成完整的理论知识的网络，能触类旁通、举一反三。

1. 引导学生厘清知识的内在联系，形成知识网络

美国著名结构教学理论的代表人物杰罗姆·布鲁姆指出："获得的知识，如果

没有圆满的结构把它联系在一起，那是一种多半会遗忘的知识。”在课堂教学中，教师要注重引导学生弄清知识的内涵、外延及各知识点之间的联系，让学生在面对知识和问题时，能将各种零散的信息、资源、智慧等融会贯通为一个系统，层次分明、清晰完整地展现知识间的各种逻辑架构，从而有利于解决新的问题。构建知识体系，要求学生能从一个知识点联想到另一个知识点，找出知识点之间的联系与区别，分析知识体系的逻辑性，准确找出知识主线，通过知识主线把各知识点的隶属关系用层级图表现出来，让主题、关键词与符号、颜色等建立链接。这些系统的排列与组合以及全景图的形成，就让学生的大脑经历了辩证的思维过程，从而拓宽了学生的思维空间。

案例指引七：人教版八年级上册“网络上的人际交往”①

教学时教师与学生一起设计了知识结构图，见图 3-1。

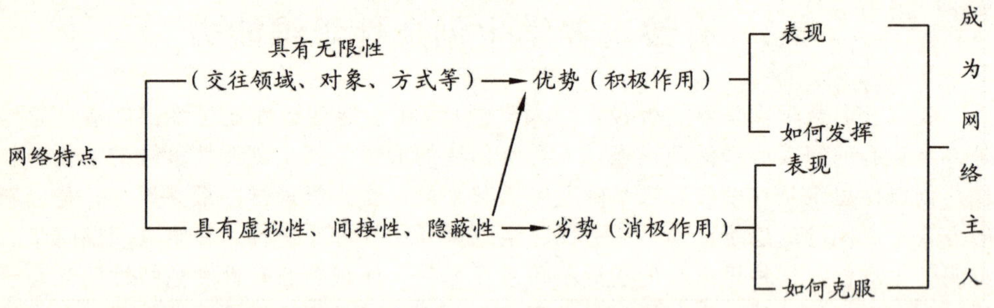

图 3-1 知识结构图

这一知识体系的建构，既让学生把握了知识的脉络，又体会到网络是把双刃剑，具有两面性，既有长处，又有弊端。我们要用其所长，避其所短，发挥网络交往对生活的积极作用，享受健康的网络交往带来的乐趣。这有利于学生对课程进行有效的资源整合，改变定式的思维和僵化的操作程序。

2. 组织学生开展讨论

心理学研究表明：群体中个体易受他人见解的刺激，产生群体效应和共生效应，从而诱发发散思维、拓宽思维疆域。所以在课堂教学中，对教学中的重点、难点、热点、焦点、盲点问题组织学生讨论，学生在热烈的讨论中，相互启迪，取长补短，博采众长，思维活动的广度就可不断拓宽。

案例指引八

在执教苏人版八年级下册“法律是我们的‘保护伞’和‘守护人’”一课中关于“一般违法与犯罪”的教学，教师设计的教学环节是：先呈现因醉驾危害公民生命财产安全的图片或录像，然后设问“图片或录像反映了什么？这些行为会造成什么后果？

① 骆殿兵．选择“瓦解”问题的最佳策略．中国教育报．2011-10-21

它们的性质有何不同?”引导学生讨论交流，在材料的分析中教师适时归结，并创设教学高潮，呈现这些醉驾者受到法律制裁的后果，引导学生谈感悟或启示，进一步提升课堂的情感含量。

3. 培养学生自由联想的习惯

在教学中，教师作风要民主，态度要和蔼可亲，注意引导学生展开想象的翅膀，畅所欲言，同一问题让学生多方求证。开始由老师提问题，让学生答，以后逐步让学生自己提问题，再进行发散思维，这样学生对这些问题理解的广度不断扩宽，深度不断扩展，从而最终真正理解掌握它们，同时也拓展开思维的疆域。

案例指引九：人教版九年级“不言代价与回报”①

教学时教师设计了这样一个情境：1996 年亚特兰大奥运会上，美国体操选手斯特鲁格在跳马比赛中脚部扭伤。她在最后一跳之前，需要做出一个艰难的选择：不跳，美国将失去第一枚体操团体金牌；跳，她会遭受无法恢复的运动伤害，可能将永远告别体操事业。她会……探讨：你认为她应该如何选择？请说明理由。

问题抛出后，学生展开了激烈的争论：

生 1：不跳，留得青山在，不怕没柴烧，等伤好了，还有机会夺冠，不要在意一时的得失。

生 2：不跳，她已经受伤了，发挥肯定受影响，跳了也不知能不能夺冠呢！

生 3：跳，这可是第一枚团体金牌，应把国家利益放在第一位，应该拼一下。

……

播放斯特鲁格选择跳的视频后，教师做了小结：我们看到了她最终的选择，这一跳让她赢得了众人的尊敬和感动，也为自己、国家赢得了荣誉，履行了自己的责任，完成了自己的使命。在人生的舞台上，每个人都会遇到需要做出抉择的时刻，每到这样的时刻，我们应认识到，生命是珍贵的，保护自己无可厚非，但为了国家和集体的利益而牺牲个人利益，则更伟大，更让人钦佩。这一问题情境的设计唤醒了学生独特的经验、感受和体验，发挥了生成性资源的人文教育功能。学生在跳与不跳之间进行了激烈的争辩，这一刻他们的思维处于活跃的交锋状态，在激烈的碰撞中，对自身价值观与他人的价值观进行了深入的思考。此时，教师不失时机的点评，发挥了价值澄清的作用，对学生的价值冲突起到了积极的引领作用，帮助学生建构起主流价值观。

(二)由表及里，抓住本质，培养思维的深刻性

人类理性思维的作用集中表现在善于思考问题，抓住事物的本质和规律，预设事物的发展过程，以显示出思维的深刻性。在教学中，要通过老师提问、学生质疑

---

① 黄伟．构建思辨课堂 领略思维光芒．中小学德育，2013(9)：44

等途径，去克服部分学生不求甚解、浅尝辄止、知其然不知其所以然的现象，以培养学生思维的深刻性。

1. 教师要善于梯度提问

教师要围绕教学目标，针对实际教学内容，合理设计一个由浅入深、由表及里的梯度问题系列，引导学生步步深入下去，使学生的思维不断由表层向纵深发展。

案例指引十：苏人版九年级第7课“依法享有财产权利”①

教学时围绕教学主题——财产权利(财产所有权和财产继承权)，教师引入了学生的同龄人“钱小满”家发生的生活故事，精心创设案例情景，辅之以巧妙的问题设计，一例多景贯穿全课，引导学生在阅读、探究、讨论、反思、交流等活动中体验和感悟，既让学生轻松地掌握了基本的法律常识，又培养了学生运用所学知识分析问题、解决问题的能力，更增强了学生的法治观念和维权意识，从而实现了知识、能力、情感态度与价值观三维目标的有机统一，提高了思想品德课教学的针对性和实效性。

2. 教师要鼓励学生大胆质疑

爱因斯坦说过：“提出一个问题比解决一个问题更重要。”课堂教学中，我们应鼓励学生大胆质疑，对敢于发表独特见解的学生予以肯定性评价，即使他们提出的问题是古怪的，甚至是荒谬的，也应当保护他们的好奇心。实践证明，善于思考的学生能够发现和提出问题，思考得越深入，提出的问题就越有深度。反之亦然。教学中，对学生提出的一些有深度的问题，要让学生自己去解决、去钻研，使他们的思维不断趋向深刻。当然对于学生提出的一些肤浅问题，也不能漠然置之，应该引导他们不断追问下去，培养他们“打破砂锅问到底”的良好品质。

案例指引十一：苏人版九年级第8课“拥护党的领导”第二框“三个代表”重要思想②

教师有意识地列举了几个体现“三个代表”重要思想的实例。有学生怯生生地举手问老师：“老师，你说中国共产党始终代表最广大人民的根本利益，可电视上经常报道有的党员干部腐败，贪污公款上百万甚至上千万元，在我们这里也有不少党员干部住的是洋房，开的是高档车，我觉得你讲的道理与实际不相符合。”这突然“杀”出来的“横炮”，让教师慌了手脚，乱了分寸。为了不偏离思想品德课教学的轨道，形成正确的舆论导向，这位教师严肃地说：“别瞎说，你看到的是个案，共产党就是始终代表最广大人民群众的根本利益。”然后，继续上课。同样是一堂思想品德课，也有学生向教师提出类似棘手的问题，教师处乱不惊，先是表扬学生能善于思考，然后与之讨论，最后得出结论：“由于我国正处于社会主义初级阶段，社会

---

① 孙全军.“依法享有财产权利”. 思想政治课教学，2011(10)

② 严卫林，陈伟峰. 政治课教学中培养学生创造力的“三不唯”. 中学政治教学参考，2008(4)

主义法制建设还不够完备，在党员干部中确实存有以权谋私、贪污腐败的不良现象，但中国共产党没有否认和回避这一问题，而是采取严厉措施惩治腐败现象，以使中国共产党永葆青春。共产党能承认错误、正视错误并改正错误，这正是中国共产党先进性的体现。”这样，问题就得到了圆满解决。

在教学中，教师要善于倾听学生词不达意的发言，倾听学生勇敢而胆怯的声音，倾听学生的童言无忌，倾听学生的强词夺理和辩解。也许正是那种荒诞不经的答案背后隐藏着智慧的光芒，也许正是那异想天开的想法中蕴含着可贵的探究精神，也许正是那叛逆的观点下潜伏着创造的火花……作为思想品德课教师，要时时、处处、事事善于保护和培养学生的创造力，决不做学生创造力的“刽子手”。

(三)循序渐进，注重过程，培养思维的逻辑性

逻辑思维必须依据正确的概念判断和推理。在教学中必须摒弃只重结果，不重过程的传统做法，引导学生分析、综合、比较、判断、概括、推理，掌握其来龙去脉，真正弄清每个结论的推导过程。在教学中，教师既要发展学生的抽象思维，又要发展学生的形象思维，目的在于发展他们的逻辑思维。

案例指引十二：苏人版八年级上册第三单元第十课“人生与责任”①

教学中教师在充分阅读教材的基础上，围绕“责任”这一关键词，按照“是什么”“为什么”“怎么做”的逻辑结构对教材进行了重新建构：理出“知责任”“明责任”“负责任”三个逐渐递进的逻辑层次，构成一条贯穿整节课的知识明线。与此相应的，是学生在学习活动中应产生的感悟，构成一条贯穿整节课的情感暗线，由知识明线与情感暗线交织成“人生与责任”一节课的知识框架和逻辑框架(见图 3-2)。

上述设计对“理”的内容有一个整体的构思，思维逻辑层层递进，环节简洁明了，让学生有足够的时间体验感悟、情思飞扬、自我教育，有足够的空间激昂争辩、言语鲜活、表现自我；教师有足够的机会促进生成、引发精彩，学生在学习知识、发展能力的同时受情感的熏陶、精神的洗礼。这样的课堂设计，让学生清晰地领悟到在学什么，又是怎么学的，从而保证思想品德课特有教育功能的发挥，体现思想品德学科育人为本的价值取向。整个课堂充满人性魅力，吸引学生渐入学习佳境，在浓浓的“思想品德味”中，引领学生行走在意义世界中，实现知识建构与道德成长同步发展。

① 此案例来自江苏省淮安市洪泽县实验中学骆殿兵。

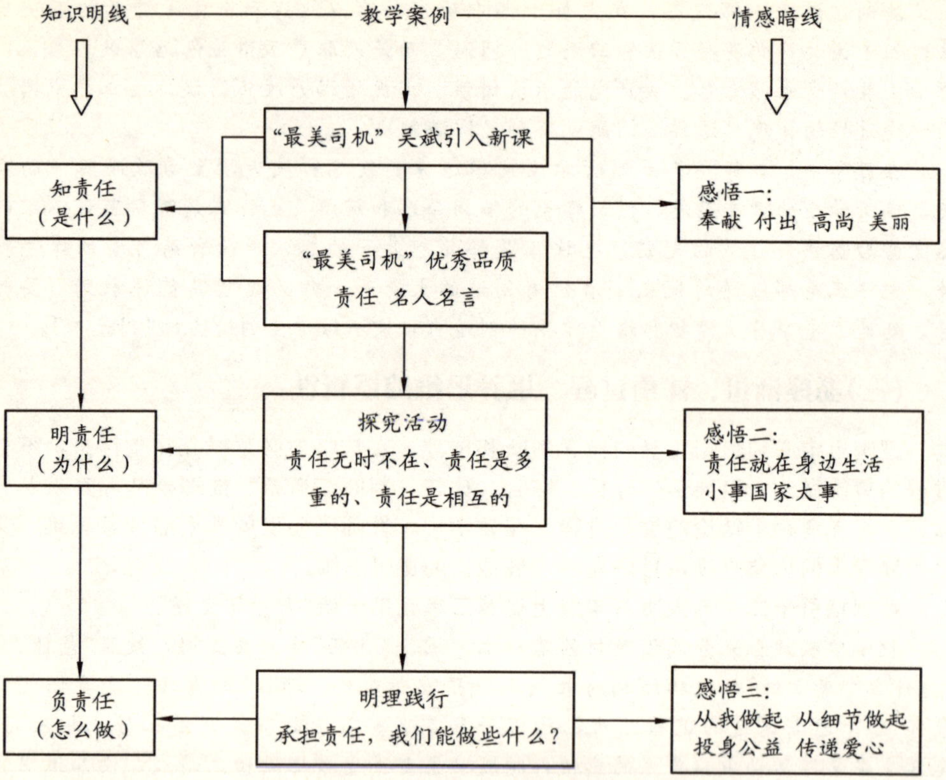

图 3-2 知识框架和逻辑框架

（四）去伪存真，反复求证，培养思维的批判性

思维的批判性品质是思维过程中自我意识作用的结果，它在思维过程中起着定向、监控和调节的作用。孔子曰："知人者智，自知者明。"这正说明思维的批判性，反映出其思维活动的水平。

1. 培养学生的科学精神

"吾爱吾师，吾更爱真理。"教师在课堂教学中要引导学生突破常规思维，激发学生的创新精神，鼓励学生标新立异，独树一帜，要敢于向权威挑战，向教材说"不"，而不是一味地迷信教材，被教材所羁绊。

案例指引十三：苏人版九年级"合作与竞争"①

教学时教师让学生思考"竞争的积极作用是什么？"学生顺藤摸瓜，很快就找到答案并齐刷刷地说："竞争能促进个人的成长、发展和全面进步；竞争能增强集体

① 严卫林，陈伟峰．政治课教学中培养学生创造力的"三不唯"．中学政治教学参考，2008(4)

凝聚力和战斗力；竞争能增强企业的活力。”教师给予学生大力赞扬，夸奖学生有很强的分析问题的能力。不料，一位学生站起来反驳道：“老师，我觉得教材归纳得并不完整，竞争的作用远不止教材所罗列的三个方面，竞争还有利于国家综合国力的提高，有利于地区经济文化的发展……”对于学生的“旁逸斜出”教师并不欢迎，只是淡淡地说：“教材上只列举了三个方面，你们以后回答问题时只要照搬教材答案就行了，不要画蛇添足，教材怎么编，你们就怎么写。”这位教师非但没能抓住课堂生成的契机，鼓励学生开拓创新，反而将学生引入了“死胡同”，让学生“读死书、死读书、读书死”，成为教材的“奴隶”。

2. 组织辩论赛

辩论，是彼此用一定的事实理由来阐述自己的见解，找出对方思维的漏洞，以便取得最后的认识或达成共识的一种思维方式。教师可以结合学生实际，经常组织专题辩论，模仿国际大专辩论赛的形式，培养学生的辩证思维能力。课堂上，学生为驳倒对方，自圆其说，大量收集资料，大胆否定对方观点，思维异常活跃，气氛十分热烈。实践证明，这种形式十分有利于培养学生思维的批判性。

案例指引十四：人教版《思想品德》七年级上册“身边的诱惑”①

教学时教师设计了一个辩题：正方：中学生玩网游有利于身心健康发展；反方：中学生玩网游不利于身心健康发展。学生在对决中非常自然地找出了玩网游的利与弊，体会到玩网游的两面性。正方同学的立论基础是适度玩网游和玩健康益智类的网游是有利于健康成长的；反方则找到了正方的漏洞。比如，青少年身心发展都处于不成熟期，自控能力弱，很难把握好度，许多同学因不能抵制诱惑而沉迷其中；有的游戏充斥着色情和暴力等，严重影响青少年健康成长。最后，教师做出小结：适当的、有节制的娱乐不是坏事，我们可以适当地玩网游放松和调节自己，但决不能沉迷于此。我们要学会识别诱惑，明确不良诱惑的危害，自觉抵制不良诱惑。学生通过观点的交锋，发现、修正了自己不当的观点，提升了思维力、想象力、创造力。

3. 引导学生拓宽知识面

思维的批判性是建立在科学知识基础上的，知识就是批判的力量，缺乏知识就谈不上科学的批判，所以教师平时要注意引导学生认真学习科学文化知识，做读书笔记、举行专题知识讲座、开展课外活动、定期开研讨会、开展社会调查等，以丰富学生知识的底蕴。在培养学生独立思考时，还要注意培养学生精细地检查自己思路的批判性品质，思维的批判性品质往往就是在自我精细的求证中逐步形成的。

---

① 黄伟．构建思辨课堂 领略思维光芒．中小学德育，2013(9)

案例指引十五："家乡传统文化资源"的社会调查[①]

学生以小组为单位，选取本地的传统艺术、传统节目、民间工艺、文化特色、名胜古迹、文化遗产等进行调查，包括采访、拍照、查阅资料、整理分析资料……实践活动结束后，还及时进行了实践反馈。反馈的方式：一是通过问卷调查来了解学生的兴趣、情感体验及对活动的建议要求等；二是学生围绕调查内容所撰写的实践心得、调查报告等；三是活动总结，由教师对活动进行全面总结，在肯定成绩的基础上指出不足，以便更好地开展实践活动；四是成果展示，比如活动照片展览、视频展播、体验日记、实践报告评奖等。这样的反馈形式因为面向全校师生，极大地唤醒了学生的成就感，进一步激发学生的学习兴趣，提高了乡土实践的实效，也拓宽了学生的知识视阈。

（五）灵活机动，注重变通，培养思维的灵活性

思维的灵活性包括思维起点的灵活、过程的灵活，善于组合分析，思维的结果往往是多种的、合理而灵活的结论。思维的灵活性要求主体能通过从不同角度、不同侧重点对问题进行分析研究，善于从一般的模式或通常的制约条件中解脱出来，通权达变地思考问题，积极地开展猜想和联想，摸索出解决问题的各种新颖途径。

案例指引十六：苏人版九年级第1课"成长在社会"[②]

教学时教师围绕"体验生活变化"，让学生对A同学展示的其父母年幼时和爷爷奶奶、伯伯姑姑一起拍的全家福与刚拍的父母与自己一家三口的照片进行对比，畅谈变化。有学生讲到人数的变化、穿衣的变化、照片颜色的变化、照片后面房子的变化。第四位学生讲到照片一角有轿车，而过去照片的背景是房子边堆放着玉米等农作物……此时，教师发现学生的回答有集中在物质变化的倾向，便及时归纳与引导：刚才上述同学谈及的都是吃、穿、用、住的变化，是物质方面的变化；接着引导学生看照片上人物精神面貌的变化，有学生说："脸上的神态不一样，现在的人更加自信、有朝气。"也有学生说："穿衣服也更加开放，体现思想方面的解放。"教师借机再设问精神方面的其他变化……然后和大家一起总结，改革开放给我们生活带来的变化主要包括丰富物质生活的改善和精神生活两个方面。

（六）捷径通幽，快速反应，培养思维的敏捷性

思维的敏捷性指思维过程的迅速程度。有了思维敏捷性，在处理问题和解决问题的过程中，就能适应紧急的情况，积极地思维、周密地考虑、正确地判断和迅速地做出结论。

---

① 骆殿兵．选择"瓦解"问题的最佳策略．中国教育报，2011-10-21

② 同上

1. 教师示范

教师上课要充分准备、语言凝练。课堂上要全神贯注，全力以赴，富有教学机智，果断处理突发事件，给学生以潜移默化的影响。

2. 对学生加强快速反应的训练

人常说：急中生智。在特定的环境中，人的大脑处于异常兴奋状态，就会爆发出许多思维的火花。为此教师在教学中可经常进行以下活动：第一，组织学生讨论问题时，分组进行，限定时间，看哪个组答得又快又对；第二，课堂教学中经常将一些知识设计成题目，写在卡片上组织学生进行抢答；第三，每堂课前用 3 分钟时间，用一些智力题让学生进行“急转弯”，并以此“急转弯”内容顺利导入新课。

三、注重智慧创生的学科教学策略

要使思想品德课的课堂成为充满创造、灵性的生态课堂，教师就应该秉持开放平等的心态，关注课堂生成价值；重视创造生成思维，关注课堂互动教学；注重学生情感体验，关注学生道德实践。

（一）秉持开放平等心态，关注课堂生成价值

生成性教学是指教师根据课堂中的互动状态及时地调整教学思路和教学行为，以达到生成新的教学目标、生成新的教学内容和生成新的教学过程的教学形态。生成性教学是相对于预成性教学而言的，生成性教学不像预成性教学具有预成性、确定性、可控性的特点，而是具有生成性、不确定性、不可控性的特征。这就决定了生成性教学过程是一个开放的过程，只有开放才能创造生成，才能接纳、拓展生成。因此，教师要用开放的思维和心态、开放的目标和内容、开放的方法和过程去促进教学的有效生成。

现代教学理念认为，教学过程是教师主导与学生主体相统一的活动过程；后现代教学理念认为，教学过程主要是学生主动学习和建构的过程。要求教师和学生在教学过程中是平等对话的角色，这样才能有效地在课堂教学中开展师生互动、生生互动，实现“思想品德”课堂智慧创生。生成性教学注重过程生成的、动态的、变化多端的教学目标的达成。这就决定了生成性教学必然重视教学过程、重视教学过程中出现的没有预设到的生成事件，捕捉偶发的教学契机和智慧火花，去挖掘教学过程中意外生成事件中包含的“意外”价值，这些意外生成的价值有时未必比事先预设的价值小。

案例指引十七：为“跑偏”的意外生成喝彩[①]

在教学“做个成熟的消费者”一课时，教师设计了四个环节：感性引入（观看2013年“3·15”晚会片段）——自学质疑（学生对教材知识梳理与质疑）——拓展延伸（生活中的智慧以及对教材的补充）——实战巩固（当堂小练习）。该课型是基于连云港市建构式生态课堂的理念而设计的，目的在于让学生更加主动地参与小组合作学习，最大限度地发掘生活资源，培养学生细心观察的习惯与多向思维能力。教学中产生了许多意想不到的生成，而这些意外的生成又恰到好处地提供了情感·态度·价值观的浸润时机。

一、莫为赶程序而无视意外生成的教育契机

课代表播放了他下载的“3·15”晚会片段《美国苹果公司的傲慢与偏见》。在下面的环节里，出现了很多的“意外”……

课代表：“大家观看了我下载的这段录像，不知有何感想？请大家先交流一分钟，结合我们的预习，谈谈自己的看法吧。”

甲组代表：“我们小组认为美国苹果公司对日本、韩国以及欧美市场的消费者给予了较好的售后服务，而唯独对我们中国的消费者却不愿提供相同质量的售后服务，这是一种明显的消费歧视，我们很愤怒。”

乙组代表：“若消费者被提供劣质的、打折扣的服务甚至遭遇不公正的待遇，这构成了对消费者权利的侵犯。”

丙组代表：“美国苹果公司还侵犯了消费者的知情权、公平交易权。它隐瞒了‘三包’真相，我们应对这个黑心的跨国敛财企业说‘不’！”

顿时，教室里炸锅了，大家七嘴八舌地谈起抵制苹果产品的问题来……

本来这个环节是交流复习巩固的环节，打算让学生复习上节课消费者享有哪些权益，但没想到课代表播放了视频后突然把我后面的“牌”提前亮出来了，而且更重要的是突然激发了学生强烈的“排外”与抵制外来商品的冲动。课代表急了：“他们跑题了，老师，我该怎么办呀？还是您来灭火吧！”我笑了：“挺好的啊，大家都说了心里话，很真实，不过，有的话有些偏激。”

学生甲：“老师，我认为很有必要抵制一下苹果产品，因为，我国是美国苹果公司最大的市场，他们对我们如此歧视，我们没有必要沉默。”

学生乙：“同学，我感觉你的观点有点偏激。当今中国已经是WTO中的一员了，世界经济一体化要求我们学会做有世界眼光的消费者，而避免动不动就去抵制哪一国的产品。我们可以通过法律途径用我们手中的权力去斗争。”（班级中响起了掌声）

教师总结：“老师此刻感到很欣慰。通过大家民主对等的交流，我们实现了认

---

① 邵广侠．政治课教学中培养学生思维品质的思考与实践．科学教育，2001(1)

识的升华：做一名理智、爱国的消费者，因此，我相信我们班级以后不会发生‘砸苹果’‘烧三星’等事情(幽默调侃中，学生都笑了)。的确，消费者要学会理性维权，当然最重要的还是之前的理性消费，因为维权的过程毕竟是一件很烦心的事情。让我们在生活中学会理智地选择自己的消费行为，过健康愉快的生活。这就是本课我们要学习的内容。”(导入新课完成)

二、让真实的情感交流成为价值观浸润的重要媒介

在小组展示与质疑的交流环节，各小组对教材中如何做成熟的消费者的内容进行了交流互动。学生对教材进行补充时，又提出了以下一些建议：不进行超出自己承受能力的消费，不做消费的奴隶(如透支消费、超前消费等)；不“啃老消费”，要有独立意识，要学会节俭；不为各种打折的商品所打动，不购买自己根本不需要的产品等。在这个环节，我播放了电视剧《家有儿女》刘星月供名牌运动鞋的那个片段故事，再度引发了学生的大讨论……

同学甲：“老师，我感觉刘星月供运动鞋虽然以失败而告终，但我理解刘星对名牌运动鞋的追求。如今，我们生活水平提高了，我们偶尔买点高档的产品也是可以理解的。”

同学乙：“我坚决不同意你的观点。我们尚没有独立的经济能力，追求吃好的、穿好的、用好的，这容易助长我们的虚荣心和攀比之风。我认为：我们还是要保持节俭的生活习惯，不要给爸爸妈妈增加负担。”

同学甲(打断乙)：“那是因为你家经济条件不好，没那个能力。(嘲讽的口气)在我看来，经济能力决定了消费的观念。”(乙的傲慢引发了同学们的不满)

我对甲说：“同学，我们思想品德课应该形成这样的一种思想交流的风格——我可以不同意你的看法，但我尊重你表达观点的权利。”

同学乙接着说：“我认为便宜的不一定就没有好货。我有一件珍贵的生日礼物：一个手工缝制的书包。那是妈妈从集市上买来的布，她亲手为我缝制的书包。尽管它很便宜，也不像其他同学的书包那么时尚漂亮，但我非常珍惜它。那时我上小学三年级，爸爸突然得了一场病，而妈妈因为要去医院照顾爸爸被迫辞去了工作，家里一下子经济困难了。我们家时常被钱所困扰，妈妈为了给爸爸看病东挪西借的，后来爸爸病愈出院，妈妈拼命地打工挣钱来养家。而妈妈依然还记得给我过生日！那天晚上，妈妈变戏法似的给我她亲手缝制的漂亮的书包，我高兴得跳了起来，在我看来，那是世界上最珍贵的礼物！”

全班同学自发地为乙同学鼓起了掌声，经久不息！乙同学此刻噙着泪坐下了。

我也深深被乙同学的话打动了。我在点评时说：“非常感谢乙同学用真情为我们呈现的故事。乙同学有这样的记忆，说明了他有一颗孝悌、感恩的金子般的心，这一点比任何金银财宝都贵重得多！我也认为真情是不能用价格衡量的，融入了父母之爱的任何一件廉价的或者普通的商品都会变成无价之宝！”台下再次响起各个小

组组员们的掌声。

三、让学生在话题的“跑偏”中实现道德与情感的“回正”

课代表组织各小组展示他们对教材的拓展，更多的“跑偏”出现了。

第三组代表甲：“我们组感觉教材编写还漏掉了一个很重要的内容，就是做成熟的消费者还应有社会公德心，既要合法消费，也要符合人类的伦理道德。”

课代表：“你们说得很有道理，能举些例子吗?”

第三组代表乙：“比如外出吃饭点菜，不要那么浪费和摆阔。我们要量入为出、节俭消费，响应‘光盘行动’的号召。”

代表丙：“我们也不要使用一次性商品，尽可能使用环保产品。比如，我们在餐馆里吃饭不要使用一次性筷子；我们不买纸质贺卡，可以上网给朋友发电子贺卡；可以使用循环充电的电池；家庭中选购电器要挑选那些低能耗的产品。”

此刻，有一个同学丁突然又大声说：“我感觉最最重要的是：我们人类不要残忍地消费。”

我一愣，感觉他有话要说，问：“什么意思？具体说说好吗?”

他接着说：“电视纪录片《舌尖上的中国》虽然让中国美食风靡全球，但也暴露出我们中国传统饮食滥用人类生杀予夺权利的伦理问题！好多菜肴其实是对大自然生态的破坏，是对生命的残忍！鱼翅、燕窝、熊掌……这些美食的背后是许多野生动物的血与泪。当然，国外的美食也存在问题，我痛恨日本人残忍屠杀鲸鱼来获取所谓鲜美的生鱼片，我很反感韩国人用木棒棒打狗狗直至死去来追求所谓的松软可口的狗肉，他们严重践踏了动物的权益！”

另一个同学也高高地举起手：“是的，我感觉我们人类的消费不能成为残忍的代名词！如有些女士，为了追求时髦，在冬天里穿着单薄，却要披着用狐狸、貂或海豹皮革制成的皮草大衣！她们自己的美丽是建立在那些野生动物痛苦的基础之上!”

教师：“同学们说得真好！这也让老师想起了姚明与成龙拍摄的公益广告：‘没有买卖，就没有杀害!’我给大家看我的一篇博客吧!”(随即我点击我的教育博客，和学生们一起思考)

教师：“是啊，一些不正确的消费习惯的改正的确需要一个过程，可能会很艰辛，但这个过程必将是我们社会朝着文明与进步迈出的重要一步!”

案例点评

在这节课堂教学中，教师作为一名普通的课堂参与者和学生们平等对话(在对话过程中，教师时而作为一个引导者，时而又作为一个与学生一样聆听教诲的求知者)、用包容的心态去接纳来自所有学生的不同看法、用开放的胸襟去拥抱学生的“意外”“跑偏”。正是教师用开放、包容的心态和平等的态度，创生了诸如“进行理性维权与理性爱国消费的价值观”“对生命的敬畏、对生态的保护的观念和意识”以及“懂得父爱母爱的真挚与伟大，学会孝悌、感恩”。这些在课堂中所生成的意外价值和课堂预设的价值同等重要，让我们不得不为“跑偏”的意外生成喝彩。

(二)重视创造生成思维，关注课堂互动教学

生成的核心就在于创造，而创造必然发生在教学过程中。创新思维的养成在课堂中要通过师生对话去推进，包括谈话、沟通、讨论、质疑、反思、调查、探究等。通过教师与学生的不断对话去探索、生成未知的知识、能力、情感态度与价值观。生成性教学是互动的教学。在教学中，只有通过多向互动，教师与学生之间、学生与学生之间才能彼此分享经验与感悟、交流情感与体验、拓展知识与观点，为促进课堂生成提供必要条件。要想形成一石激起千层浪的互动效果，教师在情境选择上，要依据学生的需要，选取生活化的素材；在问题设计上，要依据学生的兴趣，设计思辨性的、有启发性的问题。

案例指引十八：寻教学智慧，创灵动课堂①

一、问题与情境：至清水中暗存疑

人教版思想品德八年级下册第九课在“公平是社会稳定的‘天平’”一框中设置了一则情境图片：图片中的一块黑板上显示了万兵、李超、陈冬三位同学的得票数，分别是13票、13票、2票，显然这样的投票结果给班级的同学带来了困扰，甲、乙、丙三位同学就此问题发表了他们自己的看法。

旁白：某学校给了八年级(2)班一个外出交流的名额，班主任组织全班投票选拔，结果万兵和李超脱颖而出，但两人所得票数相等。应该派谁去呢？

甲：由班主任决定吧。

乙：老师喜欢万兵，由老师做决定，对李超不公平，还是再次投票比较好。

丙：这太麻烦了，干脆让他俩抓阄儿吧。这样机会均等，谁都不会吃亏。

你认为怎样才公平呢？

在同学们课堂探究的回答中，绝大多数同学都毫无疑虑地认为“再次投票”是最公平的方式。而对“由班主任决定”和“抓阄”这两种方式，只有极少数同学表示赞同，究其原因，学生普遍认为如果由班主任一个人决定外出交流的人选会明显有失公平，是一种不民主、不公平的方式。对抓阄这种方式，大多数学生认为太过随意，运气成分和偶然因素太大，这样的抉择方式不够严肃、合理、科学。我们应当再次选出品学兼优，综合素质最强的人代表班级外出交流，这样的学生才能代表学校和班级的良好形象，才能为班级争光、添彩！

二、探讨与点拨：抽丝剥茧巧引领

公平是社会生活追求的一个永恒话题。不同的时代，不同的个体，对公平有着

---

① 李方．后现代教学理念探微．教育研究，2004(11)

不同的理解。

课堂上，同学们的观点和理由，让教师感受到了他们强烈的自主意识，内心深处对自由的向往和追求以及对班集体建设强烈的责任感、使命感和主人翁意识。但不可否认的是同学们的观点，还带有某种的主观意识，为了解决同学们的思维误区，教师引导学生现场利用网络搜索并阅读了以下材料：美国宪法第一条第三款有如下规定：合众国副总统应为参议院议长，未出现该院全体参议员的赞成票和反对票相等的情况，无表决权。(当全体参议员对议题或法案等进行投票时，若出现赞成票和反对票相等的情况，议长有最终的表决权)

请问这样的规定是否公平?

同学们一下子愣住了，他们将材料中的"班主任"和"参议院议长"的角色进行了比较，并开始反思自己刚才的判断，有同学立刻回答道：此时若由班主任来做决定也未尝不可。许多同学的思维一下子被打开，不再局限于"班主任决定"这种方式的不可行和弊端，反而围绕这样的方式说出了各种各样的优点，认识到此时班主任的决断正体现了班主任作为班级核心和灵魂所发挥的重要作用等。

三、升华与发散：拨开云雾见丽日

教师接着引导：可见，对于公平，是有不同理解的，对于公平方式的选用，也是要结合具体的时空条件和综合分析其利弊后，在不断地比较中产生的。比如选举，在遵循基本的少数服从多数的选举原则外，公平选举还需要健全的法制来保障，还需要结合不同国家和地区不同的区情和国情。具体到我们班级的"民主选举"，同学们有没有要考虑的综合因素呢？抓阄这种方式是不是就一定不可取呢？请看下面一则新闻。

新华社2012年5月21日专电：近日，美国得克萨斯州沃尔夫福斯市选举议会议员，候选人布鲁斯·麦克奈尔与布赖恩·斯蒂德上周在选举中以118票打个平手。重选需要花费1万美元公款，对这个3700人的小城而言，数目不小。两人同意，为节省纳税人的钱，以抛硬币的方式决定议席归属。美联社报道，针对候选人得票相等，得克萨斯州选举法做出三种规定，即重选、一名选举人退出或抓阄。

同学们又惊讶了：原来抓阄也可以作为一项规则和制度安排写入法律！而且还可以在真实的选举中进行实际的运用！我接着抛出这样的问题，再次引导同学们思考：除了教材提供给我们的三位同学的观点和看法，你有自己认为的更好更公平的解决办法吗?

思维的火花一旦被点燃，充满创意的见解便会喷涌而出。同学们纷纷打开了话匣子，提出了诸如将教材中说的三种办法都试一遍，实行三局两胜的制度；由任课老师再来评选；再向学校争取一个名额；由万兵和李超两人互相协商，看有没有愿意主动退出的等。在我的鼓励下，更有同学开始大胆质疑教材的安排：起初的第一轮投票本身就是一个错误，我们所有人的想法都被传统的观念误导了，外出交流的标准为什么一定要是品学兼优的学生才可以？外出交流的名额应该给最需要的人才对，应该由得票数最少的陈冬或其他人作为代表，因为万兵和李超已经很优秀了，外出交流的机会如果给能力较弱的同学不正好可以帮助他进步和发展，充分发挥外出交流的价值和意义吗?! ……

案例点评

在这个教学案例中，教师通过一则生活化的情境，引发学生争论，再通过师生、生生、生本之间的多向互动，借助对话进行讨论、质疑、反思、探究。在对鲜活案例的自由开放式探讨和交流后，在对时政热点新闻的敏锐捕捉和辩证思考下，学生能用更为全面的、客观和科学的创新思维方式来看待教材的这则情境图片所反映的公平问题。在这个过程中，学生的创新思维完全被打开，多向互动此起彼伏，课堂处在动态的、不断生成的过程中，满足了学生自主探究学习的要求。

(三)注重学生情感体验，关注学生道德实践

实践是人们改造自然和改造社会的有意识的活动。思想品德课离开了道德实践，学生就没有真实的情感体验，智慧创生就会成为空中楼阁、海市蜃楼，沦为纸上谈兵。新《课标》在第四部分“实施建议”中指出：“情感体验和道德实践是最重要的道德学习方式。教师要善于利用并创设丰富的教育情境，引导和帮助学生通过亲身经历与感悟，在获得情感体验的同时，深化思想认识。教师还要为学生提供直接参与实践的机会，提高他们道德践行的能力。”这就要求教师要通过组织学科实践活动，让学生在实践活动中体验，在体验中创生知识与能力、过程与方法、情感态度与价值观。

案例指引十九：思想品德课堂关不住　课外延伸出墙来[①]

新《课标》指出：“思想品德的形成与发展，离不开学生的独立思考和积极实践。”思想品德课程将正确的价值引导蕴含在鲜活的生活主题之中，注重课内课外相结合，鼓励学生在实践中进行积极探究和体验，通过道德践行促进思想品德的健康发展。

一、思想品德课堂教学向家庭延伸

[课堂教学]苏人版八年级上册“沟通是跨越代沟的最好方式”

处在青春期的中学生逆反心理比较强，在这一时期，子女与父母在一些问题上往往观点相左，容易造成隔阂，形成代沟，由此导致的家庭矛盾和冲突也接踵而至，而沟通是跨越代沟、化解矛盾的最好方式。学会道歉不仅是对自己行为负责的体现，还是实现和父母有效沟通的实用技巧。

[家庭延伸]设立“家庭道歉日”

---

① 殷斌宇．为“跑偏”的意外生成喝彩．中学政治教学参考(中旬刊)，2013(9)

对所在年级8个班的家长和学生的问卷调查显示：62.2%的家长和子女做错了事多数情况下不会主动向对方道歉。不道歉的原因，认为没有必要的占34.6%；找不到合适机会，后来不了了之的占31.8%；碍于面子，不好意思的占25.2%；其他原因的占8.4%。从这里我们可以看出，大多数家长和子女不是不想道歉，而是缺少一个道歉的契机和平台。设立"道歉日"的想法就这样萌生了。在我所任教年级的家长和学生大会上，我提出了设立"家庭道歉日"的倡议，得到了学生和家长的一致认可。经过讨论，把倡导道歉日的日期——每月17日定为每月一度的"家庭道歉日"。接下来，教师顺势利导，建议学生设计家庭道歉日的标志图。经过征集、融合，家庭道歉日标志图最终浮出了水面(见图3-3)。

标志设计创意：

1. 标志的创意是由橄榄枝环绕的两个家庭成员合成的"17"两个数字。

2."17"表明每月"17"日是道歉日的日期。

3."17"中的站立的"1"象征被道歉者接受道歉，"7"象征道歉者弯腰致歉。

4. 环形中间的"S"是英文"sorry"的第一个字母，两条橄榄枝的外形像英文"sorry"的最后一个字母"Y"。

图3-3 家庭道歉日标志

5. 两条橄榄枝象征着家庭和谐。

每月17日，我会通过海报、宣传栏、"家校通"短信平台等方式，提醒孩子和家长在"家庭道歉日"的当天通过合适的方式对自己曾犯下的过错向对方真诚道歉。道歉，既可以当面道歉，也可以请人转达。有的人通过一句轻轻的"对不起"、一个真诚的鞠躬或歉意的拥抱直抒胸臆；有的人通过留言、短信或赠送礼物的方式表达愧疚；还有的人通过关心、帮助对方的方式来委婉表达自己的歉意……不管哪一种方式，道歉是真诚的，交流是融洽的。

二、思想品德课堂教学向学校延伸

[课堂教学]苏人版九年级"人民代表大会制度"

人民代表大会制度是我国的根本政治制度。在人民代表大会制度下，各级人民代表大会都由民主选举产生，对人民负责，受人民监督。人民代表大会及其常务委员会集体行使国家权力，按照民主集中制的原则处理国家和社会事务。国家行政机关、审判机关、检察机关都由人民代表大会产生，对它负责，受它监督。

[学校延伸]在班级管理中引入人民代表大会制度

首先，通过联名提名或自我推荐方式确定学生代表候选人，由全班学生通过民主选举选出威信高的、能力强的、能代表"民意"的学生作为学生代表，和班主任等几位老师一起组成"班级代表大会"作为班级权力机关。班级代表大会的职权主要表现在五个方面。①立制权：制定、修改或废除班级各项规章制度。②任免权：有权选举班委会、班级仲裁委员会和班级监督委员会；有权罢免不负责任的班委会、班级监督委员会和班级仲裁委会的成员。③决定权：有权决定班级重大事务，如友谊赛、春游、社会公益活动、社会实践等。④监督权：有权对班委会、班级监督委员会和班级仲裁委员会的工作提出批评和建议。

按照民主集中制原则，由班级代表大会选举产生班长、副班长，由班长提名各委员(学习委员、卫生委员、纪律委员、体育委员等)交班级代表大会通过组成“班委会”，负责班级学习、卫生、纪律、体育等各项事务的管理。按照同样程序选举产生班级“监督委员会”和“仲裁委员会”。“监督委员会”负责监督班委的工作和班级同学的违纪，“仲裁委员会”负责受理班级内部纠纷及裁决，包括学生之间、班委和学生之间，甚至师生之间的纠纷。这里的“班级代表大会”相当于人民代表大会，“班委会”相当于人民政府，“监督委员会”相当于人民检察院，“仲裁委员会”相当于人民法院，它们都对班级代表大会负责，受班级代表大会监督。

三、思想品德课堂教学向社会延伸

[课堂教学]苏人版八年级下册“合理利用资源　保护环境”

我国面临严峻的资源形势和环境形势，资源问题、环境问题已严重影响我国经济的发展和社会的全面进步。实现中华民族的伟大复兴，必须贯彻落实可持续发展战略，节约资源、保护环境。

[社会延伸]组织学生进行关于淮安水资源浪费和水资源污染状况的社会调查

在准备阶段，确定调查主题、调查目的、调查方法、调查人员及分工，设计并印制调查问卷，准备好一些必备的调查用品，如照相机、数码摄像机、标本采集瓶等；在调查阶段，通过对家庭、学校、饭店、洗车店、工厂、河流湖泊的实地考察、走访、发放问卷，以及通过对淮安自来水厂和四季青污水处理厂的参观访问，学生获得了大量的真实的第一手资料；在总结阶段，各小组对调查到的信息进行汇总和筛选，开展讨论与分析，撰写调查报告；在展示宣传阶段，通过展板形式在学校、社区、广场进行节水、护水宣传，并向市政府和相关的环保部门提交建议书。

案例评析

“纸上得来终觉浅，绝知此事要躬行。”课外实践是课堂的延伸，是第二课堂，是实现学生明理导行的最重要的依托。随着青春期的到来，青少年的独立意识、自我意识和逆反心理不断增强，如果父母与子女之间处理不当，极易引发家庭矛盾。设立“家庭道歉日”的实践活动，让父母和子女体验道歉与宽容的力量、体验理解与尊重奥秘，为孩子健康成长创造了真实的、和谐的家庭氛围。

人民代表大会制度是我国的根本政治制度，但人民代表大会制度离学生的生活经验比较远，老师通过“人民代表大会制度”在班级民主管理中的微型实践，学生参与班级管理的民主热情被充分调动起来。在这一模式中，学生的民主意识被极大唤醒，人民代表大会制度通过学生自身实践体验被真正内化，为他们将来更好地投入国家民主生活创造了良好基础。

水是生命之源。案例中学生所在的城市是一座水城，境内河湖交错，水网密布，被誉为漂浮在水上的城市，但人们的节水意识淡薄，水污染现象比较严重。为了让学生树立节水、护水意识，老师引导学生们通过调查，切实了解家乡的水资源状况，提高了社会实践能力，增强了社会责任感；节水方案的设计与实施、宣传活动的开展、建议书的撰写和提交等一系列活动的开展，不仅使学生们大大提高了自身节水意识和环保观念，还带动更多的家庭及广大市民投身于节水、护水行动，产生了深远的社会影响。

第四章
探究性学习的组织与实施策略

引言：玛格丽特悲剧的思考

在当下的教育中，有人宣称“宁让眉毛上流汗不能眉毛下流泪”“不能让孩子输在起跑线上”等，导致学生没有自由甚至没有个性，成为应试的机器；还有人认为做一个“坐在路边鼓掌的人”也挺好，应当让学生自由发展，还原他们的天性……其实，处于焦虑与从容之间的我们在教育学生的时候，不能近视地盯着能做到的事。如果应试需要什么，教师就让学生去学什么，没有从根本上去培养学生的综合素质和能力，那么在现实社会中学生将被淘汰。

案例指引一：玛格丽特的悲剧①

玛格丽特·桑斯特是一位杰出的社会活动家。她在一个大城市的贫民窟工作期间亲身经历的一件事情，令她至今难以释怀。当时，在玛格丽特的不懈努力下，一家健身房同意在贫民区的孩子们放学之后，免费为他们开放。一天下午，一个男孩架着双拐蹒跚着走进了健身房。他的一条腿严重扭曲，只好在旁边一脸羡慕地看着正在健身房兴高采烈玩耍着的同龄小孩儿。在和小男孩聊了一段时间后，玛格丽特得知，小男孩受了重伤的腿是被卡车碰撞而导致的。因为家中贫困，他一直没能到医院去治疗。

玛格丽特立即将这个小男孩带到医院做了外科检查，检查后发现，如果经过一系列的手术治疗，小男孩的腿是完全有可能康复的，只是因为送来救治的时间太晚，手术的难度比较大，所需的费用也比较多。但是玛格丽特执意要帮帮这个可怜的孩子，后来经过她的努力，终于说服了医院，他们同意为孩子减免一部分医疗费用，另外，有一位银行家开出了一张限额支票，再加上小男孩的家人以及玛格丽特本人共同凑集了一部分资金，这个小男孩终于有了重获健康的机会。终于有一天，小男孩踢掉拐杖，走进了健身房，他来到篮球架前，将篮球投进了篮球筐中，在以后的日子里，玛格丽特一直关注并帮助小男孩一步步走向康复。直到有一天，她看

---

① Desmond brown，尹玉生．一生中最愧疚的事．课外阅读，2007(10)：17

到小男孩能跑起来了。

再后来小男孩已经变成了一位健壮的小伙子。然后他却因为抢劫，被判了3年的刑。玛格丽特为此泪流满面地说道："这是我一生中最愧疚的一件事情，我只顾忙于教他如何走路，却忽略了最重要的事情——那就是告诉他应该往哪里走！"

引申的问题

第一，玛格丽特的悲剧值得我们所有思想品德课教师反思。教育具有权威性、科学性、规范性、引领性，其中引领性决定方向。教育的引领性还表现为在尊重学生的基础上，找到学生的兴奋点与个性特征，然后引导学生取长补短，发挥自身优势，完善自我，让每个学生都能有成长空间、发展空间，进而收获属于自己的那份果实。学生的可塑性是很强的，找到他们成长的路径，并智慧地引领，当学生找到了自己前行的方向，总会有收获的。如果教育不是近视的、功利的，教师就会发现每个学生身上都有闪光点，都会有他们感兴趣的东西，引领他们朝这个方向发展，成功是自然的事。

余文森教授认为，"课堂教学的有效性具体表现在：学生在认知上，从不懂到懂，从少知到多知，从不会到会；在情感上，从不喜欢到喜欢，从不热爱到热爱，从不感兴趣到感兴趣"。有效的思想品德课堂教学应该成为全面关照学生成长与发展的乐园，能让学生愉悦地接受文化的洗礼和熏染。有效的思想品德课堂教学，应让"乐趣"开道。

第二，探究性学习是思想品德课教学的主要学习方式。新《课标》指出要"注重思想品德课运用、审美与探究能力的培养，促进学生均衡而有个性地发展"，要"积极倡导自主、合作、探究的学习方式"。因此，中学阶段，重视启迪学生的探究热情、提高学生的思想品德课探究能力、培养学生科学的探究精神，是思想品德课学科的重要任务。探究性学习，强调以下几点：一是必须面向全体学生，二是必须让学生主动发展，三是必须让学生的个性获得充分而自由的发展，必须让全体学生获得德、智、体、美全面发展。也就是说，探究性学习是教育者基于个体发展和社会发展的需要，利用各种有利条件，通过多种有效途径，以适当的方法引导全体受教育者积极主动地、最大限度地开发自身的潜能，提高自身的整体素质，并实现个性充分而自由发展的教育。

具体来说，在教育目的上，探究性学习追求学生素质即德、智、体、美等的全面发展，而不是应付考试，片面追求升学率；在教育对象上，探究性学习强调面向全体学生；在教育内容上，探究性学习重视德育、智育、体育、美育、劳动技术教育等，要把这几项教育有机结合起来，而不是只重智育，片面强调对知识的掌握；在教育方法上，探究性学习注意在一定共同要求的基础上对学生因材施教，而不只是对少数学生提出"升学"应试的统一要求；在教育评价上，探究性学习要求从德、智、体、美、劳等各个方面来评价学生的素质水平，而不仅仅把考试作为唯一的评价渠道，将分数作为唯一的评价标准；在教育结果上，探究性学习“不求个个升学，但愿人人得到发展和提升”，每个学生最好都能达到“及格＋特长”的标准，而不是让少数人升学、获得成功，大多数学生的特质发展却被严重忽略，以失败者的心态走向社会，奔赴人生之途。

一、思想品德课堂的有效教学确须探究

歌德有一段名言：“黑暗中，如果敲门者是一支蜡烛，会受到主人的欢迎；如果叩门者是一束火炬，主人会喜出望外；如果登门造访的是太阳，反而会吓跑屋里的人。”在探究性活动中，所谓太阳的光芒就体现在：

（一）探究作为学习方式具有针对性、实效性和主动性

案例指引二：章鱼[①]

海洋里有一种鱼叫章鱼，这种鱼是许多鱼虾惧怕的杀手。章鱼有一个重要的特点就是它们在进攻对手时具有很大的隐蔽性，它们常常躲进海螺壳里，当对手靠近时就向其注射毒素，把它们麻醉，然后慢慢享用。但章鱼这样的常胜将军也有很惨的时候。为什么呢？因为章鱼有一个致命的弱点，就是喜欢钻小孔，章鱼重达70磅，身子很软，可以钻进任何想去的地方，哪怕钱币大的小孔。渔民们就利用它的弱点来制服它，他们把许多小瓶用线串在一起放到海里，章鱼见小瓶口就拼命地往里钻，不管瓶口多么狭窄，很快就被渔民打捞到网中。因为章鱼固守天性，少了思考，少了变通被活捉了。

引申的问题

把章鱼的寓意抽象到教育上，就是不能让学生固守一种思维方式，如果死守教条，那学生将来自然就会成为“章鱼人”。在应试背景下，教师死灌，学生无休止地练习习题，其实只在强化两点：对死知识的接受、对考试分数的追求。这样的模式下，学生见“缝”就“钻”，形成思维定式，自然就不会有创造性思维品质的延伸与发展。也就是说，探究性活动必须具有针对性、实效性和主动性。

学生的学习需要针对性、实效性和主动性。一个人的针对性、实效性和主动性，主要不是从先天的遗传因素中来，而是从后天的学习教育中来，从广博的阅读积累中来，从丰富的生活经历中来，从复杂的人生感悟中来，从激烈的思想碰撞中来，从艰苦的实践磨砺中来。针对性、实效性和主动性之于人就像美玉孕于顽石，人人都是顽石，但人人又都可以成为美玉，智者和愚夫最重要的区别就在于针对性、实效性和主动性潜能的发现和开掘。人人都具有针对性、实效性和主动性的潜

---

① 被囚禁的章鱼．科海故事博览·智慧，2010(8)：22

能和禀赋，只要我们自觉地去发现，不断地发掘并努力加以生成，每一个人就都能够打造成为针对性、实效性和主动性之人。

针对性、实效性和主动性思想品德课归根结底就是要通过思想品德课教育之途，不断激发师生的针对性、实效性和主动性潜能，开启师生的针对性、实效性和主动性之门。

1. 创设条件，给足自主探究的时间，把握好组织探究的时机

调动学生的学习积极性，营造良好的学习氛围，是成功开展探究性学习的关键。第一，教师要允许学生不举手就直接站起来发言，要允许学生自由选择合作对象，或不同的学习方法，尽可能地让学生自由选择探究内容。第二，教师还要少讲，而让学生多思——给学生留足充分的自学时间、思考时间、提问时间和练习时间，让学生充分地阅读、讨论、理解，在读中感知，在读中感悟，在读中接受情感熏陶。第三，教师要努力做到问题由学生提出、思路由学生探索、方法由学生寻找、意义由学生概括、难点由学生突破。第四，教师要尽可能地让更多的学生活动起来。不要把学生的读书活动和作业一并布置，不能以尖子生的阅读速度安排读书时间，而是要安排较为充裕的时间，让所有的学生都按他们自己的水平和需要独立去阅读和思考。第五，对学生提出的探究问题，教师要根据问题的难易程度和学生的年龄特征安排探究时间。第六，教师要把握好组织学生探究的时机。第七，教师要掌握火候，看准时机，抓住中心议题或关键性的问题，采取生生合作、小组合作或全班集体探究等形式，让学生发挥各自的优势，相互启发，各抒己见。第八，教师要让学生与学生在争辩中碰撞出智慧的火花，在质疑解惑中明确努力的方向。第九，如果学生的探究欲望还没有被唤起，教师不能让学生分小组讨论探究，因为这样会出现少数优秀学生当“讲师”而多数学生当“听众”或陪衬的现象，使合作探究流于形式。第十，教师要明白只有学生遇到个人难以解决的问题而处于跃跃欲试的“愤悱”状态时，合作交流才有意义，只有学生意见不一感到有必要争论探讨时合作才更有价值。

2. 给足学生探究的自主权，鼓励学生独抒己见

新《课标》明确指出：思想品德课教学应激发学生的兴趣，注重培养学生自主学习的意识和习惯，尊重学生的个体差异，鼓励学生选择适合自己的学习方式。为了让学生的创造潜能得到充分释放，实施探究性学习过程中，教师要为学生提供更多的活动空间与表现机会，以便让学生能够按照自己的兴趣和爱好选择课题，自愿组成探究小组并选择适当的活动方式。因为，让学生根据他们自身的情况与自己的喜好去探究，学生的学习兴趣会浓厚，探究也会更深入更持久。为此，课堂上教师要让学生选取自己喜欢的或感兴趣的内容作为学习重点。这样做，每一个学生都能在自主探究中充分行使自己的权利，产生更浓的学习兴趣，进而收到更好的学习效果。当然，探究时教师也不能不管什么内容都让学生探究一番。因为，不恰当与不必要的探究会导致探究浅层化和庸俗化，不利于学生形成合理的知识结构，对学生的学习兴趣和学习能力的培养也无益。

思想品德课探究性学习强调的“探究”是一种过程，培养个体生命的好奇心、责任心、自主意识和合作精神。传统的阅读教学很少关注学生如何把自己的发现、感悟、批判等带到课文的阅读中实现阅读的个性化。探究性的阅读教学允许学生给教材“挑刺”，鼓励学生独立思考，鼓励学生“不唯书”，要求学生敢于发表独立见解，使学生个体充分展示生命的风采。教师教学对学生的创见要充分鼓励，对学生的意见要尊重并理解，对学生的误读要宽容地引导，更要允许学生指出老师的不足。

3. 重视探究后的点拨和评价

第一，学生由于受知识和阅历等条件的限制，对知识、生活、世界的关注范围有限，因此教师应从宏观上把握问题，帮助学生确定探究的方向和问题，对探究性问题涉及的宽度、深度等更是要做到心中有数、仔细研究、认真推敲。比如，学生提出的探究性问题范围太大，教师应帮助他们缩小视角；学生提出的探究性问题缺乏创意，教师应帮助他们转换视角；学生提出的探究性问题空泛浮夸，教师应帮助他们修正。第二，教师应帮助学生解决探究性问题中隐含的争议，以便使学生能多角度地去认识和分析问题，进而成功筛选出探究性问题。第三，学生开展探究性学习时教师要深入各组参与讨论，帮助学生发现问题并作必要的启发和点拨，引导学生把读和议有机地结合起来。第四，学生开展探究性学习遇到困难时，教师应给予适当点拨和鼓励。因为，教师的正确点拨不仅不会限制学生的探究思路和自我发现，而且还能保证学生有明确的探究目标，使其更有自信地进行探究，从而避免出现无效的探究。同时，教师的正确点拨还可以把学生的探究热情引到正确的方向上，使探究始终控制在可控的范围内，进而对学生的探究进程和解决问题的效果产生重要影响。第五，对每一个参与探究的学生，教师都要给予恰当的评价。具体地讲，教师要根据探究学习的特点，选择恰当的评价方法，把评价的重点放在探究过程与探究方法上。值得注意的是，教师的评价要特别注意鼓励后进生主动发言，并且在发言的质量上不要对他们提太高的要求。教师这样评价会让学生感到老师的评价诚恳、中肯，进而产生主动求知的冲动。不仅如此，教师的赞赏和激励还能激发学生的学习积极性与主动性，使其对课文产生浓厚的兴趣，更有利于师生之间交流情感，从而营造宽松和谐的学习氛围，促使学生坚定自主学习的信心。

4. 转变观念，转换角色，加强学习，提高自身素质

首先，教师要以开放的心态、融洽的沟通与高超的教学技巧，帮助学生主动建构属于他们自己的知识体系。为此，教师应该引导学生思考和寻找眼前的问题与他们自己已有的知识体验之间的关系，并提供把问题置于情境之中的机会，引导学生分享彼此的思想和成果，重新审视自己的想法，为学生提供有启发性的讨论模式。其次，教师要组织学生开展探究性学习，必须加强学习。学习关于如何促进学生全面发展的理论、有关认知结构的学习理论、有关人本主义心理学的理论，以及国内外开展探究性学习的相关经验，逐渐由研究“教”转向研究“学”，进而实现角色的转变。最后，为了能够参与到学生的学习中去，教师必须掌握相应的现代教育技术，并不断提高对信息的收集能力和处理能力，以便不影响师生交流。

针对性、实效性和主动性需要聪明，但聪明绝不等于针对性、实效性和主动性。切忌小聪明。常说“大愚若智”者甚多，但“大智若愚”者鲜见。针对性、实效性和主动性需要灵感，但灵感不等于针对性、实效性和主动性。灵感源于苦思冥想之后的顿悟，常常是来无影去无踪，可遇而不可求，而针对性、实效性和主动性贵在坚持，贵在思考，真正的智者无不是执着坚守的思想者。针对性、实效性和主动性需要通达，但通达并不等于针对性、实效性和主动性，真正智者的通达往往都是不丧失原则，不丢弃灵魂的变通。针对性、实效性和主动性比聪明更加深厚，比灵感更加沉稳，比通达更加矜持。能见常人所未见，思常人所未思，言常人所未言，行常人所未行，悟常人所未悟，忍常人所不忍，立常人所不立，成常人所不成。实效性和主动性需要情怀，需要境界，真正的智者无不是具有丰富的人文情怀和高远的理想境界之人。

5. 培养学生的问题意识，教给学生基本的探究方法

开展探究性学习，培养学生的问题意识与教会学生提问非常重要。问题意识实际上是一种怀疑精神，是创造的起点。课堂上，学生因受经历、学识以及理解能力的限制，会产生许许多多的疑问，而疑问最能刺激人的求知欲望，调动人的求知动机。使他们收获的知识比单纯地由教师传授的知识要多得多。刚刚开始时，学生不会提问，或者所提问题会比较肤浅或不着边际。这时，教师一定要持之以恒地予以鼓励，并努力把握学生思维火花闪耀的瞬间，促使其燃起智慧的火炬。这样，久而久之学生就会养成善于提问的好习惯，进而具有善于质疑的能力。当然，开展探究学习过程中，教师还要适时教给学生一些基本的探究方法，如观察法、比较法、查阅资料法、讨论法、实验探究法等。

(二)探究作为学习方式是一种自主的体验

案例指引三：《自报家门》[①]

汪曾祺在《自报家门》里有这样一段文字：“从我家到小学要经过一条大街，一条曲曲弯弯的巷子。我放学回家喜欢东看看，西看看，看看那些店铺、手工作坊、布店、酱园、杂货店、炮仗店、烧饼店、卖石灰麻刀的铺子、染坊……我到银匠店去看银匠在一个模子上錾出一个小罗汉，到竹器场看师傅怎样把一根竹竿做成筢草的筢子，到车匠店看车匠用硬木车旋出各种形状的器物，看灯笼铺糊灯笼……百看

① 张静．忍：《胡同文化》的精义．中学语文园地，2004(18)：7

不厌……这些店铺、这些手艺人使我深受感动，使我闻嗅到一种辛劳、笃实、轻甜、微苦的生活气息。这一路的印象深深注入我的记忆，我的小说有很多篇写的便是这座封闭的、褪色的小城的人事。”

引申的问题

生活才是孩子最好的老师。而我们把孩子们关在教室里，关在家里，让他们埋头于题海之中，这不是教育的体现，甚至说是反教育的。

第一，因为思想品德课教学总是以一定的文本作为载体开展教学的，所以思想品德课教学应该以文本为基础开展思想品德课活动；因为工具性与人文性的统一是思想品德课程的基本特征，所以思想品德课教学不能仅仅局限于文本之内，而是要把文本放入到一个更大的背景之中去学习。这个背景既可以是学生实际生活的背景，也可以是教师提供的历史背景。第二，思想品德课教学只有把文本置于合适的背景中去读，去品，去辨，才能感悟出思想品德课的人文性。第三，不能把文本的解读作为阅读教学的唯一任务。第四，只用文本引出话题，师生的活动则是信马由缰，或者是为了说明文本中的一个词或一段话而引用大量与文本内容相去甚远的知识，甚至是花大量的时间去听歌或看录像也是有悖于思想品德课教学的。

新《课标》在课程的基本理念部分，明确提出了“九年义务教育阶段的思想品德课程，必须面向全体学生，使学生获得基本的思想品德课素养”。长期以来在思想品德课教学中，先后存在两种倾向：一种倾向是抹杀思想品德课程的特点，人为地强化思想品德课的政治因素，用所谓的“政治思想教育”取代思想品德课能力的培养；另一种倾向是，过分强调思想品德课的工具性，否定思想品德课学科内在的人文性，或者用烦琐的分析肢解课文生动感人的整体形象，或者用无休止的做题、操练取代学生读写的思想品德课实践，或者用僵化的标准答案限制学生阅读的多元感受，扼制了学生的创造性思维。理解“全面提高学生的思想品德课素养”，要从这三个方面进行把握：一是全员性，学生的思想品德课素养要全员提高；二是全面性，学生的思想品德课素养要全面提高；三是全过程，学生思想品德课素养的提高是一个过程。

探究性学习是一个学习过程，最终目的是让学生自主获得知识，它需要学生不断地充实自身知识体系，实践所学知识，并在实践中不断更新自己的能力。新课标明确指出：“现代社会要求公民具备良好的人文素养和科学素养，具备创新精神、合作意识和开放的视野，具备包括阅读理解与表达交流在内的多方面的基本能力，以及运用现代技术收集和处理信息的能力。”探究性学习为实现上述要求提供了有效的途径。

有效的探究课堂教学要回归生活的源头，与生活紧密相连。没有丰富多彩的生活，就没有足够用于写作的素材；没有丰富多彩的生活，就难以激发写作的情趣与灵感；没有对生活的感受和领悟，就不可能激发起学生写作的欲望。有些学生学习能力差，对写作缺乏兴趣，甚至厌恶写作，除了阅读积累少，知识面狭窄，语言贫乏、思维僵化之外，一个重要的原因就是学生的生活过于单调，从学校到家庭，从教室到宿舍，从书本到作业，几乎涵盖了绝大多数学生的生活，这种单调乏味的生活自然会削弱学生表达的欲望。因此，改进有效的探究课堂教学，必须关注学生生活，丰富学生生活。

丰富学生生活，首先，有效的探究课堂训练的目标要指向生活。要让学生真切感受到有效的探究课堂就是生活的重要组成部分，是生活的需要。有效的探究课堂教学必须引导中学生关注时代、关注社会，观察生活、感悟生活、思考生活，并能用自己手中的笔记录下自己对生活的真实的思想和情感，真正让写作成为学生生活所不可缺少的组成部分。那种单纯瞄准应试所做的技能技巧训练，是“末”而不是“本”。其次，有效的探究课堂命题要贴近学生生活。使学生的生活积累成为写作取之不尽用之不竭的原料宝库。著名特级教师于漪曾说过：“一个贴近学生生活的好的有效的探究课堂命题，能开启学生心灵的窗户，打开学生记忆的闸门，开拓学生广阔的视野，对有效的探究课堂产生浓厚的兴趣。”最后，有效的探究课堂要努力勾连起生活。要从生活出发，努力创设生活的情境，引起学生对生活的回忆，激发学生对生活的情感，从而引导学生在有效的探究课堂上有目的有方法去观察生活，体验生活，感悟生活，思考生活，记录自己所做之事，倾诉自己的发现，表达自己的观点。总之，有效的探究课堂回归生活，关键是要培养学生做生活的有心人。一个生活充实，并对生活充满激情的人，才能写出动人之事，感人之情，发人之思。

德国社会学家马克斯·韦伯曾经说过：“一个事物虽然不美，但却可以是神圣的，一个事物虽然不善，但可以是美的，一个事物虽然不美、不善、不神圣，却是真的。”世界是多元的，多元就意味着冲突，所以，如果我们想把“真善美”统一到一体，其实只是一种美好的愿望。必须相信只要学生的表达是真的，那么他就会不断向“善”与“美”逼近。

(三)探究作为学习方式，核心在于分析问题和解决问题

探究性学习就是学生在教师指导下，以类似研究的认知方式和心理过程进行学习。它是一个包含探索、深究、创造三个步骤的过程，实现这一过程的主体是学生，这一过程的目标是让学生既获得扎实的基础知识，又锻炼了学习能力。为达到这一目标，首先，促使学生对学习产生浓厚的兴趣，有自主学习的强烈愿望。其次，学生必须在教师的引导下自主探究学习内容，总结学习方法。最后，学生获得施展自己能力的机会。要做到这三个方面，离不开教师的合理引导与组织，更离不开学生的知识积累和自由宽松的学习环境。

学生总感到自己的生活太单调、太平淡、太枯燥、太没有意义。有效的探究课堂的难题是因为缺乏生活造成的，还是因为缺乏一颗敏感的心灵造成的呢？罗丹说

"不是没有美，而是因为缺乏发现美的眼睛"。造成当前学生普遍感到有效的探究课堂难的根本原因，不是没有生活，而是因为思想品德课教学忽视了学生"内省"习惯的培养，造成学生的心灵太过粗糙，甚至荒芜。学生缺少对生活细致的观察和应有的感悟，缺少课堂内外的实践探究，所以很难在平凡的事物中寻找到应有的意义，或在平凡的生活中品味发现人生的智慧。

"问题"是课堂教学的起点和主线，探究始于问题的发现，终于问题的解决，发现问题、分析问题、解决问题贯穿整个教学过程。由此可见，"问题"是课堂教学的灵魂，没有"问题"，就没有真正的探究，就没有真正的课堂。在传统的教学模式下，学生的知识最大部分来源于教师的"灌输"，来源于教材中的"结论"，学生完全处于被动接受的地位，由此获得的知识是不牢固的。而在"问题探究"中，学生的知识来自于主动的构建和探究，来自于在分析问题、解决问题中得到的体验和感悟，充分体现了学生在教学过程中的主体地位。

二、多样化探究性学习活动的有效展开

(一)探究性学习的实践价值取向

在探究性学习实践中，学习的重心发生了很大的变化，价值取向发生了明显的变化。主要表现在这种活动的主体重心、过程追求、结果水平等方面。

1. 强调学生的主体性作用

探究性学习中，学生的学习主体性得到充分的张扬，从学习问题的发现、确定到假设的形成，从实验、调查、文献的收集整理等验证工作到问题的解决、具有建设性的意见的形式、学习报告的完成，整个过程都是由学生自主实现的。当然，学习的过程少不了教师的作用，但这种作用主要表现在问题情景的创设中和行为活动的激励中。学生充分发挥自己的问题意识，从自己的生活世界中发现并努力地解决问题，在强烈的好奇心驱动下，以自己为中心，寻找到大千世界的许多新奇现象，由此产生对大千世界的诸多疑问，带着这些疑问，通过充满乐趣的探索，去认识世界。

2. 注重过程的体验

探究性学习更注重学习的过程。学习开始之前，对学生来说没有现成的答案存在，总是在探究性学习中经历问题解决的全过程，在整个探究过程中，学生要展开一系列的活动，他们在观察中发现问题，联系以往的知识积累提出假设，并且通过同伴间的相互讨论甚至争论进行交流，最后获得问题的解决，整个过程都伴随着学生自己对知识获得过程的体验和感悟，从而在实践中学会学习。

学生探究的内容不仅仅局限于自然领域，还涉及社会和学生自我世界领域。学

生生活的方方面面都可以成为学生探究的内容，只要他们感兴趣，他们就用自己的方式去看待和理解世界，这就使得他们探究的问题、学习的内容紧紧地与他们生活的自然环境、社会环境相联系，使问题既涉及其生存的空间，又涉及他们衣、食、住、行的日常生活。

3. 追求知识的获得更重精神的培养

学生开展探究性学习的目的，一方面，要使学生获得知识(学生通过探究活动得出问题的结论或解决办法，以及科学的方法)，不是靠权威确定下来的一成不变的不容置疑的标准答案，而是学生自己经过探究建构出的特定条件下的正确知识，是学生在探究过程中习得的科学研究方法，包括一般的科学思维方法和各有差异的具体思路。另一方面，使学生在精神上获得发展，这包括几个方面的内容：一是指科学态度的形成。在探究性学习中，学生可从多次的试误甚至失败中逐渐体会到科学来不得半点虚假的道理，领会到事实胜于雄辩的要旨，从而养成踏踏实实的研究作风，形成实实在在的科学习惯和对待科学的科学信念。二是指科学精神。在探究性学习中，学生对现象的怀疑、对已有观点的怀疑和对现状的批判、在多种探究性活动中的别出心裁的创造，以及由此带来的问题解决的成功，都可以成为培养学生科学探索中的怀疑、批判、创新和执着的科学精神。三是指情感的发展。通过在探究性学习中的亲自经历实验、资料收集、交流探讨等调查研究活动，不仅可以使学生的认识和体验在实践中不断地深化，思想的创造性火花不断地迸发，产生一个又一个新颖而充满乐趣的新问题、新课题，而且可以在实践不断地将自我同自然、社会相融合，萌发对自然、社会乃至自我人生的强烈的热爱之情，不断地生成正确的世界观、人生观、价值观，从而不断地完善自己的人格，实现人的精神追求。显然，探究性学习在其实践过程中有着与其他学习方式明显不同的价值追求，虽然与其他学习方式同为获得知识的实践活动，但是在实践主体的作用上更强调学习者的自主性，在学习过程中更注重学习者对生活的体验和感悟，既有多种类型的知识获得，又有情感、态度和价值观的完善。

(二)探究性学习活动的有效展开的客观要求

多年以来，教师习惯于忠实于教材，扮演着传授知识的权威角色。习惯于依葫芦画瓢，不能开拓思维，进行创新设计。新课程标准要求教师在教学过程中应与学生积极互动、共同发展，要处理好传授知识与培养能力的关系，注重培养学生的独立性和自主性，引导学生质疑、调查、探究，在实践中学习，促进学生在教师指导下主动地、富有个性地学习。在新的课程学习中，探究性学习成为了“教”与“学”的重点。

在宏观与外在的思想品德课教学改革的背景下，教师在微观与个体的层面上摸索着，努力让思想品德课教学既能上连天云，又能下接地气，既能大而化之，又能小而行之。要改变这一教学现状，思想品德课教师要增强探究教学的角色意识，用探究教学的方法教思想品德课。

1. 以主题探究来凸现探究性学习的针对性

探究是一种思维形式。采用探究的形式展开教学，不是为了形成热闹的气氛，也不是为了体现教学的开放性，而是为了培养学生的思维。

学生是有经历、有体验的人，寻找与学生主体经历和经验相贴近的活动主题，学生必然感兴趣。这就是经验学习。经验学习强调以学生的经验增长为中心，以学生的自发性和主动性为动力，把知识的学习与愿望、兴趣和需要有机结合起来，属于有意义学习。有意义学习不仅是一种增长知识的学习，而且是一种把每个人的各部分经验都融合在一起的学习，它十分注重学习和个人的关系。因此，在选择探究性学习主题时，应从学生的主体经验和人生经历中寻找与教学内容贴近的主题。

案例指引四：苏人版八年级上册“行为与后果”①

教师在教授这一内容时，让学生讨论教材第76～77页的材料，要求学生给材料中的人物海因茨提出更好的建议。学生被材料所设置的情境所吸引，积极性高涨，比平常讨论得更热烈，但给出的答案却五花八门。

学生给出的答案可以分成这样几类：一是违法型的。如采用偷、抢，暴力威胁等手段，偷也有偷一半买一半(材料中讲到海因茨付药价一半的钱)、偷配方等。二是放弃型的。方法一，既然筹不到足够的钱来挽救妻子的生命，海因茨可以用手中的钱来改善妻子的生活，满足她的各种愿望，让她带着美好的回忆和满足离开这个世界；方法二，海因茨可考虑重新娶一个妻子，并且有学生引经据典，振振有词，“《三国演义》中讲过妻子是衣服的话，既然衣服没用了，当然可以扔掉。”三是怀疑型的。这类学生认为，既然只有这种新药能挽救海因茨妻子的生命，药剂师又缺乏同情心，不肯降价或欠账，且海因茨想尽了办法才筹到了一半钱，因此不可能有更好的解决办法，这道题无解，是伪命题。因此，他们对其他人提出的所有解决办法都一律否定；四是合法型的。方法一，求助(如向亲友求助，向媒体求助，向政府有关部门求助，向慈善机构求助，向名人或民意代表求助等)；方法二，控告或检举药商的暴利行为等。五是创新型的。海因茨可以与药剂师平等协商，重新谈判，双方签订协议，药剂师提供一半药品(海因茨已有购买一半药品的钱)，由海因茨用打工或推销药品的方式(或做广告)抵充药款。

面对以上千奇百怪的答案，特别是那些错误的、荒唐的答案，教师不是简单地加以排斥，而是采用了以下程序进行处理。

一是把所有的答案分门别类，分别列在黑板上。

二是对各种答案组织学生进行评价、分析、讨论，允许争执、反驳、辩解，但

---

① 本案例由江苏省泰州中学附属中学王勇老师提供。

要求学生必须摆事实，讲道理，对事不对人，不得进行人身攻击。通过辩论，学生很快就达成了共识：第一、二、三类方法都是有问题的，是不可取的，只有第四、五类方法是可取的。同时学生也认识到：当事人采取什么样的行为，别人可能难以干预，但由此产生的后果和责任也只能由当事人自己负责。任何人都有行动的自由和权利，但以不损坏他人的、集体的、国家的合法利益为前提，否则就要承担相应的后果。

三是对第四、五类答案有疑问的学生可提出质疑，其他学生可进行反驳和辩解。

四是教师对整个辩论过程进行点评、总结，解答疑问，指点思路，帮助学生概括出类似题型的解题思路、方法和步骤，并提醒学生，这实际上涉及决策学的问题，在此基础向学生介绍科学决策的基本理论和方法。

案例评述

这节课的效果大大出乎教师的预料。可见：①主题明确，有助于探究的实际效果；②学生参与的程度较高；③气氛热烈，学生争着举手发言，多次出现质疑与反驳的攻防转换；④学生在争辩中学会了寻找依据，总结观点，更懂得了尊重对手。这堂课，学生不仅学到了知识，而且明辨了是非，净化了思想，对得出的结论心悦诚服。

2. 更新观念主动适应探究性学习，提高实效

探究性教学要求在教学过程中创设一种类似科学探究的情境和途径，以学生的自主探索性学习为基础，让学生在教师指导下运用探究方法逐步学会对大量信息进行质疑、分析和判断，有利于提高学生的探究水平、综合解决问题的能力，有助于培养学生创新意识和开发创造潜能，提升学生联想、想象的能力，它能唤醒学生主体意识，发展学生主体能力，培养学生探索精神，发展独立思考能力。

(1)转变教师角色。由于探究性教学模式更注重学生学习的自主性，在课堂教学中，教师的权威受到了挑战，教师不再是唯一的知识拥有者，教师是同学生地位平等的探究者和学习者，师生需要共同去探究阅读文本的深层含义，课堂教学过程实际上是师生互动的过程，学生是学习的主体，教师是一个帮助者的角色。

(2)增强课程意识。课程意识，是指教师在认同大课程观的基础上，在教学设计中自觉地根据抽象的课程目标制定具体的教学目标，并优化设计教学内容，主动搜寻课程资源，并在课堂教学过程中能敏感地察觉教学目标的合理性，根据教学情境的变化恰当的选择教学方法和手段，捕捉并利用课堂即时生成有价值的课程资源实施教学，同时觉察实施过程的教育意义，并科学的评价课堂教学的效果。课程意识有利于开阔课程视野，提升校本课程开发和建设的质量，提升教师专业素养和品位。课程意识是教师专业意识中的一个重要组成部分，是教师专业成熟的标志之一，它既是教师专业发展的内驱力也是有效课堂的内驱力。

(3)转化教学观念。思想品德课教师的观念由单纯灌输课程知识转变为促进学生多种能力的发展。教师要将学生视为学习和发展的主体。从知识与能力，过程与方法，情感态度与价值观三个维度关注个体的完整发展。培养学生三大能力，促进智力和情感的融合。使学生的发展成为以自主探究为特征的终身可持续发展。在探究性课堂教学中，教师应唤醒学生的对话意识，尊重学生个人见解，鼓励质疑批判，从而让学生将文本的要求内化为自觉的品行。对于探究问题的把握，怎样引导学生培养问题意识，怎样提炼有价值的探究问题是值得思想品德课教师思考的。

3. 改革反馈与评价方式，以开放性评价激励探究性学习

多年来由于种种原因，思想品德的评价没有一种统一的做法，如何评价教育的对象，还缺乏一个科学的客观标准和评估方式。究竟是采用质化还是量化，是诊断性评价、形成性评价还是终结性评价，不少教师在改革时也曾经考虑过，但由于操作性不强，最终没有达成。

学生的品行评价可以分为两种方式：鉴定性品行评价和发展性品行评价。鉴定性品德评价往往用静止的方法只对学生已经达到的品德水平做出鉴定，评价时，只考查学生在特定的时间和空间中的现实状态，不考虑学生过去的情况和今后的发展趋势。而发展性品行评价更多采用质性评价和量化评价相结合的方式。中考可以根据试题情景合理设置结分点，在学生情感、态度、价值观方面给予质性的倾向性评价，并通过一定的分值体现出来。

此外，注重反馈与评价方式具有多元性和鼓励性。单一的评价方式和否定的反馈形式损伤了学生的自信心和探究的兴趣，不仅不能够使得学生自身得以全面发展，而且使得探究性学习的课堂囿于一部分精英，成为教师和少数优秀学生唱主角的课堂。

(三)提升探究性学习的有效性

探究学习是否有效，教师心里是很清楚的。当你带着兴奋步入课堂，怀着感动拥有课堂，伴着幸福跨出教室，这堂课一定是很成功很有效的。

1. 教师要有激情和个性

有效的课堂教学，教师必须富有激情，其情感和思维是灵动的，易于感染学生；同时有个性，这种个性就是教师独特的魅力，一个不能张扬个性的教师不能教出具有灵气的学生。

教师对学生的热爱是激情的源泉和动力。教学过程是一个带有感情色彩与生命力的过程，教师只有怀着对学生的满腔热爱，对教材进行情感加温，精心准备上好每一节课。教师的教育只有溶解在爱的情感里，才能引起学生积极的反应。

2. 教师要给学生独立思考的时间和空间

要使学生成为学习活动的主体、发展的主体，成为有思想、有个性的活生生的人，就要让学生从学会知识到会学知识，让学生参与知识形成的过程和理解知识的发展过程。学生在学习知识的过程中，要有独立思考的经历。必须给学生一定的时间和空间，表面上看可能会不“高效”，但从发展的角度、从培养学习能力的角度看却是“高效”的。

3. 课堂教学的氛围要民主和谐

“亲其师而信其道。”教师要始终保持对学生的“亲和力”，营造一种民主、和谐的课堂氛围，而且只有这样，课堂才会出现师生合作、生生合作，师生互动以至课堂教学整体联动的良好格局。良好的教学氛围会引起情感的交流和互动，会使师生全身心投入到课堂教学中。

教师要珍视“情感”在课堂教学中的催化剂和润滑剂作用，充分挖掘这座教学资源的金矿，当师生在课堂上能互相吸引，互相感动，互相激发时，师生双方智力、能力都得到淋漓尽致的发挥，这样的课堂才是鲜活的生态课堂，才是有效的课堂。

4. 课堂上学生的智力活动必须是紧张高效的

教师要保持课堂紧张和高效的状态，最主要的策略是创设问题情景，把握时机、自然地提出问题，用问题紧紧抓住学生的心灵。课堂问题的设计切合教材和学生实际，难度适中，照顾到多数同学。在问题的提出方面做到巧妙、及时，为激励学生积极思考问题增添兴趣。从备课、设计到每一个环节、每一次过渡，甚至某一个设问都做过精心的准备，教学从问题中来又回到问题中去，课堂始终处于一种动态的、波浪式的探究过程之中，既有激烈的竞争又有善意的合作，高潮迭起、精彩纷呈、令人心动。

5. 教师的讲授要富有启发性和艺术性

课堂教学总是想方设法调动学生积极主动参与到课堂学习中去。一节优质课的精彩之处往往体现在教师，一个发人沉思的启发、一个疑难之处的点拨，犹如画龙点睛，使得课堂教学锦上添花。教师在课堂上的这种灵机一动、这种妙手偶得等创造的灵感，绝对离不开老师长期的积淀和课前充分的准备。

6. 营造特定情境，体验感悟，创造拓展

教学的经典意义就是进入特定情境，学生在与情境的相互作用过程中学会学习。相对其他学科而言，思想品德课学习对“境”依赖就更为直接、更为重要。教师在学习过程中，必须通过多种方法尽可能进入特定情境中去，可运用艺术的直观与语言描绘相结合的路径。通过情境所表现出来的哲理、意蕴、美感，动情共鸣，体验感悟，创造拓展，从而产生情趣、美趣和谐趣的综合效应，做到以美感人，以情动人，以智启人，进而把学生带到文本的意境中。此为“审美入境”教学目标之一。同时，学生学习处于最佳状态时，必定沉浸于学习的场域之中，这个场域亦为“境”，入境越深，则意味着学生沉浸于学习场域越深，学习状态愈佳，学习收效越明显。高尔泰认为，美是自由的象征。当学生处于学习的自由状态时，审美也就发生；如果我们以审美的方式带孩子入文本之境，入学习之境，自由也就产生，智慧就在这种审美自由的状态中蓬勃生长。

二、建构学科探究性学习的指导性策略

（一）思想品德课教学的探究应结合学科特点

中学思想品德课是一门融合了心理、道德、法律、国情等方面内容为一体的学科。能否学好思想品德是一个人综合素质最直接的反应。只有学好了思想品德课，才能为其他知识的学习把握住航向，并为以后的专业化发展奠定基础。思想品德课是一门德与智、博与专、知与行相统一的学科。思想品德课教学就应该紧密结合这些学科特点进行探究。

所谓德与智的统一是指思想品德与知识的统一。这就要求教师在思想品德教学的过程中，不仅要让学生掌握基本的知识，更重要的是使学生形成正确的情感、态度、价值观，寓品德养成于认知形成的过程之中。

所谓博与专的统一，博就是广度，指思想品德课所涉及的方方面面的知识，就像前面所说的政治、经济、文化、哲学等各个方面的知识在思想品德课中都有所涉及，这些都是我们在学习思想品德课时需要掌握的，但要是一味地注重它的广度，往往就会陷入另一个误区，那就会使得思想品德课变成一门毫无自身特色的学科。因此在思想品德课教学的过程中，让学生在保持一定广度的同时，还要注意以学科目的为核心，用相应的学科专业知识来加以支撑，进而达到一定得深度，这就是所谓博与专的统一。

所谓知与行的统一就是通常所说的理论要与实践相结合，学会灵活地运用所学知识解决实际生活中遇到的问题。

（二）学科探究性学习的结构和步骤

探究性学习是学生在教师有效指导和学生之间相互有效启发下，凭借教材和教师提供的信息，积极参与教学，有效感知和理解教学内容，积极探索多种解决问题的方式和方法，以达到发展创新智能目的的系统决策活动。探究性学习强调引导学生主动参与、亲身实践、独立思考、合作探究。在思想品德课堂教学中有目的地设计探究活动，让学生受到探究思维的熏陶，在主动探究问题的活动中获取知识，学会科学研究所需要的各种技能，这对于培养学生良好的思维品质是十分有利的。

1. 创设情境，激发探究

兴趣是学生进行探究学习的动力。在教学中教师可根据学科特点，创设情境，使学生对探究性活动表现强烈的兴趣。学习发生的最佳情境不应是简单抽象的，只

有在真实世界的情境中，才能使学习变得更为有效。

案例指引五："保护环境"[①]

在教学"保护环境"一课时，教师可以让学生在教室里模拟乱扔乱弃的情境，并派3个学生负责捡垃圾。做完这一切之后，请几个"乱扔乱弃"的学生谈感想。扔垃圾的学生说："随手扔垃圾的感觉真是好极了，既方便又轻松。"捡垃圾的学生谈道："捡垃圾真是又辛苦又生气。我前面刚捡完，他们在后面又扔了，气得我都不想捡了。由此，我想到清洁工人，他们每天辛勤地打扫路面，而我们却随手乱丢乱扔，真是不应该。"其他同学也纷纷议论开来。于是，教师因势利导，进一步向学生提出了行为规范的要求，为了让每个人都能拥有优美舒适的环境，关键是行动，那就从爱护我们的班级、我们的校园开始吧。得到了同学们的认同。这样，在创设的教学情境中，让学生用自己学到的正确价值观来明辨是非，既提高了学生分析和解决问题的能力，又帮助他们选择了正确的生活观和价值观。

知道它的长处

创设问题情境的形式可以是一组漫画、一段录像；也可以是一组材料、一个小品等，总之，只要能很好地为教学服务，就能产生好情境。教师在创设问题情境时要注意两点：一是问题情境的创设要从学生熟悉的现实材料入手，同时联系教学的重点和难点；二是尽可能地创设条件，使学生很快进入问题情境。

2. 启迪质疑，合作探究

"学贵有疑，小疑则小进，大疑则大进；疑者，觉醒之机也，一番觉悟，一番长进。"质疑是学生进行探究学习的驱动力。探究性学习通常是围绕一个需要研究解决的实际问题展开，学生能不能发现并提出问题，标志着学生探究能力和独立思考水平的高低。因此，在教学中要鼓励学生大胆问难质疑，从而培养学生探究学习的能力。一要鼓励学生"敢问"。为不善发言的学生营造宽松的氛围，鼓励大胆提问，建立自信；兼顾能力，分组讨论，同学轮流代表组内发言；师生共同探讨，互帮互问，鼓励有价值的问题，使学生从不敢问到必须问，最终达到了敢问的结果。二要鼓励学生"勤问"。在"敢问"的基础上培养学生"勤问"的习惯，无论遇到任何问题都要问个水落石出。例如，在上《生命宝贵》这一课时，有的学生就珍惜生命提出："生命是宝贵的，有没有比生命更宝贵的？""我国《刑法》中规定的刑罚处罚为什么有死刑？杀人犯已杀死人，死一个，已经很可惜，死刑再枪毙一个，不是更可惜吗？"三要鼓励学生"互问"。为了培养互相学习的精神，老师可将学生组成若干学习小组，要求学生有问题先在组内解决，使学生间互相学习，培养了"互问"习惯。四要鼓励学生"善问"。好问是多思的前提，提倡学生多问，并非不假思索地乱问，而是要鼓励学生在多思的基础上勤问，思考后再问，有准备地问，有目的地问，在问中

① 本案例由江苏省泰州中学附属中学张国前老师提供。

长进，在问中释疑、解惑。五要鼓励学生争论和发问。在问题解决的过程中，允许答案多样化，在研讨和探究中，重视对学生科学精神的培养。经常问："有问题吗？请你提问。"而不去问："谁和他的答案一样？同意吗？"以此培养学生尊重事实、敢于怀疑、相信自己、不迷信权威的态度。在学生大胆问难质疑、合作探究学习中，最可贵的是对答案的质疑，不值得提倡的是缺乏理解和争辩的统一。教师要尊重学生积极的价值取向以及关注人生、关注社会的态度，允许学生不同观点的展示，引导学生由表及里地分析，求同存异，达成思想的共识。

在探究性学习中，只有不断培养学生的问题意识，遵循"想问、敢问、乐问、善问"的渐进原则，让学生对在学习中自己提出的问题，或对教师提出的问题进行探究和解决，使探究问题的过程成为学生提出问题、合作探究解决问题的过程，才能促进学生探究性学习的不断深入。

3. 明理强化，实践探究

新《课标》强调，社会实践是思想品德课程教学不可缺少的组成部分。教师不仅要在课堂上把知识传授给学生，还应该把课堂探究性学习延伸到课外，如组织学生开展社会调查活动，促使学生把课文中的道理内化为道德认识，外化为道德行为，进而形成良好的道德行为习惯，达到思想品德课引导学生明理、践行的目的。

案例指引六：关于"保护环境"的调查访问①

学习"保护环境"这一框内容后，教师可以根据学生的具体情况，把不同层次的学生分成几个学习小组，让他们走向街头、工厂进行参观调查访问，并根据本地区的环境问题，提出两条以上保护环境的合理建议。学生们调查后，在课堂讨论中，有的小组发现白色污染严重，提出应取消塑料袋，建议买菜用篮子；有的小组看到河道污染严重，提出应禁止乱排生活污水；有的小组发现一些工厂"三废"污染严重，提出应加强法律力度，严惩污染企业。这样，学生通过合作交流，不断深入地观察和体验真实的社会生活，获得探究体验。

知道它的长处

学生在实际生活中发现问题，并综合地运用各种知识去解决问题，提高了对社会的认识能力和参与社会的实践能力，培养了学生应用知识、能力及价值观念去解决社会问题的综合素质。

4. 激励评价，延伸探究

新课程倡导"立足过程，促进发展"的课程评价，倡导成长记录袋、学习日记、情景测验等质性的评价方法，强调建立多元主体共同参与的评价制度，重视评价的激励功能。因此，正确评价一节课中学生的探究能力和取得的成效也是至关重要的。探究性学习重在过程，意在探究，旨在通过评价促进学生探究水平不断发展和

① 本案例由江苏省泰州中学附属中学张国前老师提供。

提高。作为“德育功能”突出的思想品德课应建立多元化教学评价和管理模式，突出学生学习的主体地位，充分调动不同层次学生学习的积极性，培养学生自我评价和评价他人的能力，使学生体验成功，建立自信，延伸探究。

在教学中，教师要积极采用师生互评、生生互评、学生自评的多向的多元化评价方式，尝试建立态度、情感、能力、知识并重的多维立体的评价体系，把评价重点从学生的学习能力扩展到参与状态、交往状态和情绪状态等方面，及时肯定、褒扬学生的点滴进步，并对学生独特的见解和发现表示赞同，让每一位学生都能享受到成功的喜悦，有效地树立学生学习的自信心，提高学习兴趣，促进学生的全面发展和综合素质的提高。教师采取传统纸笔考试、学生在校常规执行测评、社会实践活动测评、家中表现测评等质性测评分别占一定比例的方法进行测评，从而调动思想品德课教师、班主任、家长及学生的积极性，促进了教与学双方的互动相长，促进学生在知识与技能，过程与方法，情感态度与价值观方面的发展，促使学生在探究活动中获得主动发展。

探究式教学在思想品德课堂中是否能取得实效，归根到底是以学生是否参与、怎样参与、参与多少来决定的。需要教师确立开放的教学观，为学生的探究性学习创设宽松、愉悦的氛围，让学生主动参与教学，才能改变课堂教学机械、沉闷的现状，让课堂充满生机与活力。

(三)探究性学习有助于内化知识

德育内化是培养中学生良好品德的关键，实现内化是德育的出发点和归宿。思想品德课的学科特点决定了这门课的教学任务不仅包括传授知识、培养能力，而且肩负着学生德育内化的重任。长期以来，由于受评价方式的制约，或多或少地忽视了德育功能的发挥，影响了对学生的思想政治素质、道德品质以及正确的行为习惯的培养，弱化了思想品德课作为学校德育主渠道的作用。

1. 关注以学定教，找准内化的立足点

初中生正处于身心发展的重要时期，身体的发育、环境的变化、认知的发展等因素的作用，使他们的抽象思维能力迅速发展，自我意识和独立性逐步增强。这些特点，决定了德育资源的选择、内化途径的创设、内化过程的引导，必须尊重学生的个性特点，尊重学生的身心发展规律。学生的认同与共鸣是德育内化的基础，共鸣的德育内化才能影响道德行为，实现从内化到外化的转变。例如，一位老师在《享受健康的网络交往》一课的教后反思中写道：要使德育取得良好效果，一是在教学中应将学生置于鲜活的生活情境中去“感受生活现象——认识生活现象——解决生活中存在的实际问题”。二要将社会热点与教材知识点相链接，整合教学资源。他摘录了时下流行的网络语言作为导课内容，激发了学生的求知欲，掀起了教学的小高潮，调动了学生参与活动的积极性，体现了“以学生发展为本”的教育理念，捕捉到德育内化的立足点和出发点。

2. 挖掘教材“德育点”，融合内化的结合点

没有无教育的教学，也没有无教学的教育。在思想品德课中，要将“德育点”充分挖掘出来，并用“德育点”来统率知识点，将两者融为一体，自然渗透。思想品德课程承载着德育功能，发挥着价值引领作用，但无论是横向的心理健康、道德、法律和国情教育，还是纵向成长中的我、我与他人的关系、我与集体、国家和社会的关系，都必须是学生通过感悟，内化为自觉的行动才是德育功能的达成。从课程德育到道德内化，从道德内化到行为的外化，都离不开德育的内化功能。为此，教师要认真地分析教材，感悟教材，创新教材，努力寻找教材知识点与德育内化的交汇，挖掘教学内容中的情感因素，让学生引发情感共鸣，实现动态的课堂、情感的课堂、成果的课堂，从而提高教学的有效性。

德育点是灵魂，知识点是基础。教材中的德育点即内化因素，是指教材中能促进学生正确思想观念和良好道德品质形成与发展，具有说服力和感人至深的教育元素。思想品德教材中蕴含的内化因素大致有：

(1)认知因素。教材中提供的道德信息、道德榜样等，都是进行道德内化认知的重要元素，教师要通过分析、比较和概括，启发学生理解和感悟蕴含其中的道德要求。

(2)情感因素。教材本身蕴含的情感因素，如教材中的模范人物、故事、插图以及打动学生心弦的名人名言，激发学生思维波澜的情景等。教师要善于将课程目标与学生情感相融合，引导学生展现真实的情感、态度和价值观。

案例指引七：我要对爸妈说①

摘自三毛《稻草人手记》中的一段话让学生朗诵：每个人的身边都有两个可爱的守护天使，一直默默地为他们守护着的孩子遮风挡雨，不求回报。他们的翅膀不是用来飞翔，仅仅是用来遮挡风霜，因为一直保持这样的姿势，直至孩子离开了他们的羽翼，他们的翅膀已经僵住了，无法再收起来。

然后，教师给学生布置一个活动：以《我要对爸妈说》为题，写一段话最想说的话给亲爱的父母。

最后教师小结：祝愿天下所有的父母：平安、健康、幸福！（背景音乐《懂你》）

(3)激励因素。教材中的革命领袖、感动中国人物、道德模范及社会主义建设成就和科研成果等内容都对学生具有激励作用。

案例指引八：任长霞的颁奖词

【深度探讨】(出示任长霞的颁奖词)她是中原大地上的又一个女英雄。扫恶打黑，除暴安良，她铁面无私；嘘寒问暖，扶危济困，她柔肠百转。

---

① 本案例由江苏省泰州中学附属中学张国前老师提供。

十里长街，白花胜雪，挽幛如云，那是流动在百姓心中的丰碑！一个弱女子能赢得百姓的爱戴，是因为，在她的心里有对百姓最虔诚的尊重！

结合颁奖词，思考是什么能让她敢于同顽固的黑恶势力作斗争？

（对于人民她充满同情心；对于犯罪分子，她敢于同他们作斗争）

怎样维护正义，维护正义，要有一颗同情心；维护正义，要勇于同不良的社会现象作斗争。

【设计意图】出示感动中国对任长霞的颁奖词，进行分析，两个层次正对应维护正义的两个要求。

(4)评价因素。通过道德认识与道德评价，学生能对现实问题做出正确的价值判断，做到抑恶而扬善，近是而远非，爱美而憎丑。如通过对七年级下册《尊重他人，就是尊重自己》插图的分析，学生认识到图中人物无法得到别人尊重的原因是自己的行为不当造成的，从而提高自身分辨是非、善恶、美丑的道德评价能力。

案例指引九：己所不欲，勿施于人①

活动内容：阅读感悟

在我国，大禹治水的故事家喻户晓。大禹接受治水任务时，刚刚和涂山氏的一个姑娘结婚。当他想到有人被洪水淹死时，心里就像自己家里亲人被淹死一样痛苦不安，于是他告别妻子，率领 27 万治水民众，夜以继日地进行疏导洪水的劳作。经过 13 年奋战，三过家门而不入，疏通了 9 条大河，使洪水顺利流入了大海，消除了水患。

到了战国时期，有个叫白圭的人，跟孟子谈起大禹治水这件事，他夸口说："如果让我来治水，一定能比禹做到更好。只要我把河道疏通，让河水流到邻国去就行了，那不是省事多了吗?"

讨论：比较大禹治水和白圭谈治水两则故事，说说你的感想。

提示：从白圭谈治水来看，白圭只为自己着想，不为别人着想，没有做到"将心比心，推己及人"，违背了"己所不欲，勿施于人"的原则，难免要害人害己，而大禹把洪水引入大海，虽然费工费力，但这样做既消除了本国人民的灾难，又消除了邻国人民的灾害，做到了"将心比心，推己及人"，体现了"己所不欲，勿施于人"的精神。这种精神值得我们学习。

教师小结：要做到"己所不欲，勿施于人"关键在于我们在对待他人时要做到"将心比心，推己及人"。在生活中，谁都不愿意干自己不爱干的事情，更不喜欢让他人来强迫自己做不爱做的事情。自己是这样，别人也是这样。如此，将心比心，推己及人后，自然就能做到"己所不欲，勿施于人"了。

① 本案例由江苏省泰州中学附属中学王勇老师提供。

3. 整合“三维目标”，捕捉内化的切入点

思想品德课程的三维目标从理论上可分开列举，但在课堂教学中，情感、态度、价值观目标的实现却不能游离于知识与能力目标之外而独立进行，必须以知识为依托，以能力为核心，以情感、态度、价值观为提升，自觉地将“三维目标”融为一体，使情感、态度、价值观目标更具体、更真实，从而实现思想品德学科的德育功能和课程的价值追求。教学中，教师要为学生提供情感、态度和价值观外显的平台，将情感目标落到实处。例如，在教学“弘扬和培育民族精神”一课中，教师以2011年11月3日“天宫一号”与“神舟八号”成功实现首次交会对接为情境，引导学生思考：载人航天精神是什么精神在新时代条件下的集中体现？这一精神的基本内涵及作用是什么？在弘扬和培育民族精神方面，你有哪些具体行动？教学围绕学生的情感展开，学生的情感在体验中得到升华。这节课教师将情感、态度、价值观目标放在首位，课堂设计始终围绕三维目标展开，教师有效捕捉到德育内化的切入点。

4. 突出学生主体，开发内化的互动点

学生是学习的主体，是课堂的主人。新课程强调学生的主体地位，一切课堂教学围绕学生展开。课堂是舞台，学生是演员，老师是导演。老师在学生品德内化过程中，要善于发扬学生的主体精神，主动培养学生的主体能力，让学生“人人参与，个个展示；尝试成功，体验快乐；激活思维，释放潜能；自主学习，个性发展”。如在教学“诚信是金”一课时，在学习新知中，授课教师贯彻学生是主体的理念，教学始终围绕“我”展开，即围绕学生自身的情感和行为体验展开。

案例指引十：孝①

结合《常回家看看》的视频，多角度思考：

(小组讨论)为什么要孝敬父母长辈？

学生回答，学生归纳，老师总结。

活动　：探寻“孝”文化

你知道中国古代有哪些关于孝的典故、名言、诗词吗？

孝，是中华民族优良的传统美德。是一个人立身处世最基本的道德规范。

活动二：当代“孝”典型

播放2012年感动中国人物陈斌强的故事。

思考：让你感触最深的是什么？

孝敬父母是社会主义道德规范的重要组成部分。

活动三：法官来看孝

泰州市83岁的王大爷要求子女常回家看看。

---

① 本案例由江苏省泰州中学附属中学王勇老师提供。

思考：(1)如果你是法官，你会对老人的子女说些什么？

(2)法官可以受理这个案件吗？为什么？

孝敬父母是法律规定的义务，是每个公民义不容辞的责任。

知道它的长处

学生内心产生情感矛盾、思想冲突后，通过讲解、讨论、表演等方式把自己的所学、所悟、所创表达出来，从而实现品德的内化。

5. 强化情感体验，诱发内化的感染点

情感是人的思想品德形成和发展的催化剂，没有情感就不可能有品德的内化，没有情感也不可能有对真善美的追求。在教学中，教师要营造情感教育的氛围，让学生增强情感体验，引发情感共鸣。例如，郑晓青老师在教学“两代人的对话”中，有一环节如此设计：

案例指引十一：对话父母，爱如潮水①

师：我们的父母很平凡，身上有优点，也有缺点，可是他们深深爱着我们，他们有一些话要对你们说——

(孩子，我们想对你说——)

家长一：对你，妈妈有说不出的歉疚，那么小你爸爸就离开我们，妈妈一个人带你，给你的爱是很不够的，可你那么懂事，经常安慰妈妈，帮妈妈干活，孩子，你是妈妈的支柱，有你，妈妈再苦再累都不怕。

家长二：我们对你的要求很高，可能给你太多的压力，但希望你能理解，我们自己没知识，很希望你能成为人才。只要你努力了，不管将来怎样，我们都不会怪你的，你永远是我们最疼爱的孩子……

(爸爸妈妈，我想对您说——)

师：现在你最想对爸爸妈妈说什么？请拿起手中的笔把你们想说的话写出来。

学生被父母的肺腑之言深深打动，个个泣不成声。可见，只要学生有了情感体验，就会尽情抒发自己内心的想法和感受，进而达到品德内化的效果。

6. 注重生活实践，激发内化的升华点

思想品德的形成和发展，需要学生的独立思考和生活体验，社会规范也只有通过学生自身的实践才能真正内化。思想品德课程倡导实践性，将正确的价值引导蕴含在鲜活的生活主题之中，鼓励学生在生活实践中进行探究和体验，通过亲身体验与感悟，促进学生正确思想观念和良好道德品质的形成和发展，达到思想升华和品德内化的目的。

① 本案例由江苏省泰州中学附属中学王勇老师提供。

案例指引十二：道德作业[①]

1. 课后算两笔账

A每年你的学费、生活费等大概有多少？假如到大学毕业为止，一共要多少费用？

B算一算：从小至今，老师对你的批评教育大概有多少次？一共花去了老师多少时间？

2. 假如父母或老师曾侵害了你的权利，那现在的你又打算如何处理？建议利用所学知识给他们写一封信。

结束语：当拥有时请珍惜，勿在失去时而惆怅！请珍惜我们拥有的幸福，祝同学们健康快乐成长！

知道它的长处

开展活动，其目的在于让学生通过实践，实现品德的内化。实践是促进学生品德内化的有效方法，为此教师要创设适当的活动形式，让学生在实践中实现自我品德内化、自我完善和发展。

7. 建立评价机制，焕发内化的激励点

学生的品德是变化发展的，因此必须建立自我评价、教师评价、同学评价等多种评价机制，在不同的品德发展阶段给予学生动态的、客观的评价，做到主体多元化、角度多样化、尺度差异化，使评价不仅能激励学生奋进，而且能成为学生品德发展与提高的有效手段。

要正确发挥评价的导向功能，努力发现学生身上的闪光点，让每个孩子的个性得以张扬。通过观察和纸笔测验，可以对学生的情感、态度与价值观做出一定的评价，但教师不能仅仅据此就给出结论。学生是发展中的人，我们要分析学生的过去，看到其发展的轨迹，预测其发展趋势，在综合分析的基础上，对学生做出评价。

综上所述，德育内化过程是一个促使学生道德认识、情感、意志和行为互动发展的过程，是多种因素交互作用的过程。我们要充分挖掘思想品德课德育元素，积极拓展德育内化途径，实现学科教学与德育功能发挥的有效整合，促进学生知行统一。

(四)探究性学习的意义拓展

“生动多样、贴近生活”已然成为新课程的标签。开放而充满活力的新课堂给教师和学生带来了更大的发展空间，拓展教学应运而生。有限的课堂教学空间得以延伸，展现出一片无限的广阔天地。思想品德拓展教学和建构主义学习理论是相契

① 本案例由江苏省泰州中学附属中学王勇老师提供。

合的。

建构主义教学观认为，知识的获得是学习者主动建构的过程，其提倡的教学方式是以学生为中心，强调学生主动学习的重要性，鼓励学生积极思考，让学生参与到获得知识的过程中。建构主义教学观注重对学生探究与创新能力的培养，强调教师给学生创设一种良好的学习环境，在学生建构知识过程中提供一定的帮助和支持，促使学生的理解进一步深入。思想品德拓展教学是在教材内容的基础上，鼓励学生主动拓展思维，进而生成更多更新的知识，提升情感，优化态度，建立和巩固正确的价值观。

初中思想品德课新教材给教师教学提供了一个改造、挖掘、探索的机会，思想品德课教师应该建立融合、开放、发展的课程观，优化组合教学资源，有效实现课程目标，从而达到教学合一的状态。在初中思想品德课拓展教学实践中应该注意运用以下策略。

1. 立足课堂，发挥学生主动性

思想品德课以活动为载体，以问题为主线，整合学习内容，展开学习过程。而拓展教学要求立足课堂，关注学生的发展，改变传统的教学模式，拓展教学空间；应在立足文本的基础上，突破文本的限制，对文本进行有效地拓展与超越。在拓展教学过程中，要十分注重发挥学生的主动性。

(1)活动体验。教师可以借由社会热点、经典材料、故事或学生熟悉的生活事件等引发问题，设计若干个“交流”“探究”“讨论”“感悟”“演讲”“辩论”等活动，引导学生自主拓展、探究、体验，以此提高认识，孕育情感，养成良好的道德品质。

(2)纵横延伸。教师要用好用活教材，引导学生深入文本、讲体会、说感悟，既要按着既定的教学步骤、环节纵向推进，逐层深入，又要在某一教学步骤、环节上，对某一知识加以横向铺陈，向它的外延展开富有连贯性、灵活性的拓展。

(3)拓展阅读。在课堂教学过程中，教师要安排学生开展一些以课本内容为基础的自主拓展学习，让学生结合课本内容自主设问、相互回答等。教师要引导学生围绕教学目标，抓住教学重点和难点，做好课本内容的延伸阅读，充分利用现代教育技术，让学生到网上寻找相关的内容、话题资料，并作简单可行的分析评价。这样可以充分发挥学生在拓展教学中的主动性，让学生乐于学习、善于学习。

案例指引十三：孝敬父母①

《宪法》规定成年子女有赡养扶助父母的义务；禁止虐待老人、妇女和儿童。

结合案例思考：赡养扶助，你是如何理解的？

引出空巢老人的话题，以及新《老年法》第 17 条，对“常回家看看”规定。

说一说：中学生在哪些方面如何对父母长辈表达孝心呢？

① 本案例由江苏省泰州中学附属中学张国前老师提供。

学习上：（略）

生活上：（略）

精神上：（略）

（小组竞赛）孝敬父母，要从小事做起，具体表现为：（略）

(4)反馈校正。“反馈”是拓展教学环节中重要的一个要素。在拓展教学过程中，教师要分阶段收集学生中反馈的各项信息，及时分析、评价并对教学活动做出相应的调整。也可以让学生参与到这个评价过程中来，和学生一起对拓展教学的过程和效果做出评价，让学生享受到成功的乐趣，达到“乐学”的效果。

案例指引十四：“依法享有生命健康权”

在教学七年级下册“依法享有生命健康权”时，教师放手把学习主动权交还给学生，让学生根据已有的生活经验，自主创设情景并分析解决问题。学生以小组为单位按照课本上“谁是责任人”“教室门口的安全线路图”“健康陷阱”三个活动主题展开了积极热烈的讨论、交流和辩论。在思辨中学生既掌握了书本知识，又培养了获取知识的能力。教师作为一名合作者，及时给予恰到好处的点拨，进一步拓宽了学生思维，也使学习过程活而有序。特别是“结合你所在学校的情况，就学生安全健康保护问题向学校领导提几条建议”时，学生学以致用，各小组踊跃发言。课后学生从中挑选最有价值的建议，由班长汇总并提交给校长室。不久，学生看见自己的建议被采纳了：学校大门口社会车辆随意停放现象消失了；操场四周的围墙加高加固，还增加了好几个摄像头……学生感受到了学习的价值，更乐意主动参与到平时的教学活动中，实现了从“要我学”到“我要学”的转变。

2. 拓展课外，强化教学实效性

著名教育家马卡连柯说过：“在学生的思想和行为中间有一条小小的鸿沟，需要用实践把这条鸿沟填满。”实践是学生情感、态度、价值观健康发展的基础。思想品德的形成与发展，需要学生的独立思考和生活体验，社会规范也只有通过学生自身的实践才能真正内化。

(1)联系家庭，让每个学生都闪光。家庭是青少年受影响最深、联系最紧密的地方，父母的一言一行直接影响着孩子的成长。在平时的教学和班级管理中，我们经常发现不少学生在校和在家的言行举止截然不同，这恰恰反映出思想品德教育与家庭教育的脱节，有可能导致学生人格的双重性。因此思想品德课的拓展教学应该寻求家长的支持与配合，才能取得最佳效果。

教师应巧妙地引导学生理解体会父母为抚养下一代成长付出的辛劳，反思审视自己在家庭生活中的日常表现。

教师可以通过家访、“家校通”等形式保持与家长的有效沟通，掌握学生在家庭和社会的表现；另外还要帮助家长发掘孩子身上的闪光点，对孩子树立信心。只有家校形成合力，才能给学生以潜移默化的良性熏陶，促使学生知行统一、表里如一。反之则很可能会导致拓展的走样或变异。

案例指引十五：爱之初体验[①]

有一天，女儿有事回家迟了，母亲十分恼火："你就是不守信，只想到自己！"女儿："我怎么没守信了，我今天有事！"母亲："有什么事，我不想听你讲。"女儿："我本来也不想讲。"

女儿可以这样对母亲说：________________________________

小敏在认真看书时，弟弟在旁边跑来跑去，小敏觉得很受干扰。大声斥责道："不要吵了！吵死我了！"可弟弟并不理会，继续跑来跑去，小敏气得半死。

小敏可以这样对弟弟说：________________________________

张华与刘铭在一起打篮球，不小心张华把刘铭的眼镜打了下来摔坏了，刘铭："喂，小子，你赔我眼镜！"张华："是你先踩我的，我手才靠到你的。"刘："你想耍赖！"张："谁让你先踩着我！"两人闹得不可开交。

张华与刘鸣可以这样说这样做：________________________________

请同学分组讨论后，说说沟通的时候要注意哪些问题，有什么技巧？

建构知识：善于体谅；认真倾听；控制情绪；主动道歉；主动交流等。

(2)走向社会，让每个学生都成才。思想品德课的终极目标是帮助学生学做负责任的公民，过积极健康的生活。思想品德课教师不能让学生匆忙地踏入社会，而应该让学生轻松地融入社会。因此，教师就必须让学生放眼世界、熟悉国情，了解社会热点、时政要闻等。

初中各年级的思想品德教材中蕴含了丰富的社会课程资源。如遵纪守法、合作诚信、科教兴国、"三个代表"与"两会"、民生问题、人口资源与环境问题、党的领导、发展人民民主、民族精神、择业与就业……思想品德课教师有责任密切联系学生生活和社会现实，正确处理教材与社会热点的关系，拓展教学空间，开拓学生视野，把课堂延展到广阔的社会天地中，引导学生在社会大背景下思考和规划人生。

3. 把握情理，增强教学针对性

(1)切合实际，因材施教。拓展教学应切合学生实际，因材施教。教师应了解学生的生活经验、认知水平、能力水平、地区差异等情况，做到心中有数。每一堂课的拓展教学，教师都要根据每个学生的实际情况确立相应的教学目标。教师应注意分析学生的个性特点，考虑不同层次学生学习的最佳方式和内容，设置一些难度各异的拓展内容和拓展项目，以供学生自由选择，各取所需。

---

① 本案例由江苏省泰州中学附属中学张国前老师提供。

案例指引十六：举世瞩目的成就[①]

教学七年级下册“举世瞩目的成就”时，教师预先布置了两个拓展题目：

1. 从农业、工业、科技、文化教育、体育卫生、祖国统一、国际地位等方面，调查列举一两则改革开放以来经济社会发展、祖国面貌巨大变化的实例。

2. 采访爷爷奶奶、爸爸妈妈一辈，了解改革开放三十多年来自己家庭、家乡面貌有哪些大的变化？在课堂上开展看一看、说一说、比一比、算一算等丰富多彩的学生活动，引导学生在比较中感知家庭、家乡、祖国发生的真真切切的变化，真切理解“改革开放是强国之路、是富民之路”，激发了学生爱党、爱国的情怀。

(2)科学合理，调控有度。拓展教学是一个可控的过程。在拓展教学中，教师和学生是共同参与、共同发挥作用的。教师是拓展教学的主导者，要站在一个高点，把握全局，要掌握丰富的知识和技巧，引导学生将教学内容广挖深掘。拓展教学不是简单的知识传授，如果只重视对课本内容的扩展和表象的延伸，忽视思维的训练和能力的培养，那就谈不上有效地拓展教学。拓展教学也不是漫无目标的，天马行空般的拓展是不足取的。拓展教学要合理适度，不能进入追求形式的教学误区。拓展教学的所有形式和方法都必须服务于教学目标，选择合适的时机和地点进行，避免盲目性，使拓展教学高效地进行。

著名诗人泰戈尔说过，“不能把河水限制在一些规定好的河道里”，的确，教师应该给学生一片广阔的天空，一方生机盎然的天地，让他们尽情翱翔，自由舒展。有效地拓展教学会给学生带来一种美妙的享受，让学生在享受中浸润，在求知中悟理，在拓展中成长！

① 本案例由江苏省泰州中学附属中学张国前老师提供。

第五章
学科教学评价的设计与实施策略

引言：发展性评价是必由之路

评价是制约基础教育课程改革向纵深推进的瓶颈，然而，素质教育的全面实施，基础教育课程改革的深入推进，都需要评价做出“回应”，唯其如此，才能彻底改变评价对教学乃至教育的桎梏作用，发挥其杠杆之力，从而撬动教育改革这艘航船，促其远行。

为了促进思想品德学科有效教学的深入实施，必须加快评价机制的构建和革新，必须加快建立以发展性评价为核心内容的有效评价系统。

案例指引一：教育测量与教育评价的区别和联系

教育测量是对学生学习能力、学业成绩、兴趣爱好、思想品德以及教育措施方面诸多问题的数量化的测定。教育评价是按照一定社会的教育性质、教育方针和政策所确定的教育目标对所实施的各种教学活动的效果、完成教育任务的情况以及学生学业成绩和发展水平进行科学判断的过程。

教育测量与评价两者的区别在于：第一，测量是对事物数量特征的获得，属于对事物客观存在真理性的认识。而教育评价则是对教育现象客体的价值进行判断，是对教育现象的价值关系的认识。第二，教育测量是一种纯客观的过程，其突出特点是客观性。而教育评价则具有两种属性，即客观性和主观性。第三，测量的任务是对事物的量的认识，而评价作为一种认识活动，是人的意识对实践活动及其结果的综合反映，它既反映活动的过程和终点，又是新的实践活动的起点。

教育测量在本质上属于事实判断的范畴，而教育评价属于价值判断的范畴。二者之间的联系在于：教育测量通过对学生的考试及对考试结果的统计分析，为教育评价提供了客观可靠的数量化资料。通过教育评价，可对所提供的资料(包括其他非数量化的)做出价值判断。因此，从某种意义上说，教育测量是教育评价的基础，教育评价要在教育测量所获得的客观信息的基础上进行。同时，教育测量的结果要通过评价才能获得实际意义。也就是说，如果仅仅以测量取代评价，势必背离测量的目的和功用。

案例指引二：教育评价的功能和目的

中学教育评价的对象是：学生的学业成绩、教师的教学水平、教材及教法等。教育评价可分为诊断性评价、形成性评价和终结性评价。诊断性评价往往是在某个教学阶段开始进行时，对学生进行诊断摸底，以便进行针对性教学。形成性评价则在各教学阶段的过程中进行，以了解学生在学习过程中的情况和教师教学中存在的问题，以便改进教学。终结性评价是在一个单元结束，或学期、学年末进行的评价，是为了了解学生的学习结果是否达到了学习目标的要求而实施的评价。

教育评价的功能在于鉴定、导向、激励、诊断、调节、监督、管理、教育等。

教育评价的目的一是过程性评价，看教育目标的实现程度和教育效能的改进程度；二是结果性评价，进行优劣区分，教育决策。但总体上看，由于教育内外部多种因素共存，单纯以学生学业成绩和学校升学率评价中小学教育质量的倾向，当前还没有得到根本扭转，突出表现为：在评价内容上重考试分数忽视学生综合素质和个性发展；在评价方式上重最终结果忽视学生进步和努力程度；在评价结果使用上重甄别证明忽视诊断和改进。要解决这些突出问题，适应经济社会和教育事业发展的新形势新要求，必须大力推进教育评价改革。

要深化教育评价的改革，就必须进一步思考教育评价的本质诉求，对其进行重新认识和定位。教育评价的本质是一种价值判断。要完成这种价值判断，必须采用多种评价方式，综合发挥评价的功能。教育评价改革的基本方向是：研究和运用发展性评价。

对于思想品德学科来讲，注重实施发展性评价势在必行。新《课标》在评价建议中明确指出，“思想品德课程评价是促进学生思想品德健康发展的重要手段。设计思想品德课程评价方案时，应以课程目标和内容标准为依据，体现学科评价特点，多角度、多途径收集学生的学习信息，客观评价学生的道德认知、道德判断、道德选择、道德实践能力。运用评价得到的信息帮助教师总结与反思，改进教学，进而更好地实现课程目标。”发展性评价正契合了这一理念和要求，理应被重视和实施。

一、思想品德教学有效评价系统的指向

（一）思想品德教学有效评价的指导思想和目的

1. 指导思想

（1）把立德树人作为评价的首要任务。思想品德课是帮助学生形成正确的世界观、人生观、价值观，为学生终身发展奠定基础的德育课程。把立德树人作为评价的首要任务是由思想品德学科特点决定的。因此评价要全面、客观地记录描述学生德育素质的发展状况，注重考查学生的行为，特别要关注学生情感、态度、价值观

的表现。

(2)把促进学生发展作为评价的主要目的。评价必须以促进学生发展为目的，要理解学生、尊重学生，“一切为了学生，为了学生的一切”。应全面客观地记录学生学习状况和思想品德的成长发展过程，关注学生的发展差异及发展中的不同需求和特点，促进学生个性、潜能和创新性的发挥，使每个学生具有自信心和持续发展的能力。

(3)把促进教师专业成长和自我价值的实现作为评价的重要立足点。教师评价要关注教师专业成长中的需要，充分发挥教育评价的导向、激励、改进的功能，通过评价过程的反馈、调控的作用，帮助教师认识自我，完善自我，发展自我，使每个教师都能从评价中获得激励、自信和不断前进的动力，从而提高教学水平和专业素养，并且在评价中促进教师自我价值的实现。

(4)把有效实施教学、提高教学质量作为评价的关键点。教学评价不仅要关注教师教的行为，更要关注学生的学习行为，要求教师按照课程标准、教学内容的科学体系进行科学有序的教学，注重学生的学习状态和情感体验，引导教师认真地研究并有效实施课堂教学，激发学生学习热情，鼓励学生发现、探究和质疑，培养学生的创新精神和实践能力。通过教学效果的评价，提升学生整体的学业水平，并不断改进教学，提高教学质量。

2. 目的

新《课标》确立的评价目标是“通过评价活动，考查学生达成学习目标的程度，提高教学质量，保证课程目标的实现，使评价成为促进教师教学、学生思想品德发展与提高的有效手段”。

第一，考查学生达成学习目标的程度，保证课程目标的实现。这是思想品德学科教学评价的基础性目标。教学过程中通过多种评价手段，检验、考查学生的学习程度和效果，以明确他们有没有达到课程标准规定的学习目标，或者掌握他们达成学习目标的程度，或存在的问题，为教学设计的调整、教学方法的改进等方面提供依据。及时评价、有效评价是促进课程目标得以实现的最有力杠杆。

第二，提高教学质量。教学质量是教育教学的生命线。运用评价导向功能，可以促进教师更新教育观念，确立科学的教育质量观，同时评价具有重要的激励、监督作用，可以不断优化教育教学的过程，以保证教学质量的提升。

第三，促进教师教学。有效的教师评价可以促进教师教学，提升教师专业成长与发展。当然，学生评价也是考量教师教学、促进教师教学的重要依据。教师既是评价者也是被评价者，充分发挥诊断、管理、导向等多种功能，正视评价的作用，有利于教师更新观念、改进教学，与学生共同成长、共同发展。

第四，促进学生思想品德的发展和提高。评价的终极目的不是为了诊断、甄别、鉴定，而是为了激励、促进、发展。所以，思想品德课程的评价必须关注学生的发展和未来，通过科学的评价更好地发挥对学生的激励与促进作用。关注对学生能力、情感、态度、价值观的评价，客观评价学生的道德认知、道德判断、道德选择、道德实践能力，要在尊重学生个体差异性的基础上，运用分层考核与分类评价的方法，使每个学生不断提升道德认知，确立正确的价值观并能做出恰当的道德判断和道德选择，积极主动地在生活中践行优良的道德品质。

(二)思想品德有效教学评价的基本原则和实施要求

1. 基本原则

第一，坚持育人为本。综合考查学生发展情况，既要关注学业水平，又要关注品德发展和身心健康；既要关注共同基础，又要关注兴趣特长；既要关注学习结果，又要关注学习过程和效益。

第二，坚持促进发展。更加注重发挥评价的引导、诊断、改进、激励等功能，改变过于强调甄别和简单分等定级的做法，改变单纯强调结果和忽视进步程度的倾向。

第三，坚持科学规范。遵循教育评价的基本要求，评价内容和评价方法科学合理，评价过程严谨有序，评价结果真实有效。

第四，坚持统筹协调。整体规划评价的各个环节，整合和利用好相关评价力量和评价资源，充分发挥各方面优势。协同推进相关改革，使各项政策措施相互配套，形成合力。

第五，坚持知行统一。既要重视学生对课程基本知识的理解和运用，更要考查学生在思想品德课程的学习过程中，是否形成了好公民所应有的态度、能力、价值观和行为。学会学习，学会做人、学会做事，学会交流，为其全面发展奠定基础。

第六，坚持主体多元。思想品德学科评价，应是思想品德教师、学生、班主任、家长共同参与的交互活动，使评价过程成为促进学生、教师共同发展的过程。在评价中充分体现学生主体性，增加学生评价的自主权，评价形式改单一的教师对学生的评价为学生自评、小组互评、师生共评，创造一种民主参与、交流的评价氛围。

2. 实施要求

第一，客观公正。思想品德教学评价要真实、公正、可信。要客观记录和描述学生的学习状况和思想品德发展状况。特别要摒弃随意评价，或者不负责任的定性评价，要准确有效运用描述性评价、表现性评价等手段进行评价。

第二，关注变化。对学生思想品德课程的评价不仅要重视结果，更要注重发展、变化和过程，要把形成性评价与终结评价结合起来，要注意给予学生足够的机会展示他们的学习成果。

第三，共同参与。要重视学生、教师和家长在评价过程中的作用，使评价成为学生、教师、家长等共同参与的交互活动，使评价过程成为促进学生、教师共同发展的过程。

第四，综合考查。设计思想品德课程评价方案时，必须以本课程评价目标与实施要求为依据，综合多方面的考查信息，对学生的思想品德课程学习做出正确的评价。

第五，摒弃功利。要注意评价的导向性，不能用单一的知识性考试成绩作为对学生思想品德课程学习质量评价的唯一方式，在招生考试中不宜放弃或弱化对思想品德课程的考查。

第六，注重反馈。要及时将学生评价结果反馈给学生。反馈是评价的重要组成部分，不论采用何种评价方式，评价结果都应反馈给学生。反馈的形式可以是正式的，也可以是非正式的；反馈要及时，要把握时机，以促进学生品德的发展。

(三)思想品德教学的正确评价观

思想品德课程以社会主义核心价值体系为指导，旨在促进初中生正确思想观念和良好道德品质的形成与发展。为使学生成为有理想、有道德、有文化、有纪律的合格公民，有效的教学评价必须围绕这一总目标进行。

1. 尊重生命

思想品德教学要承认和理解生命的差异性，考虑每个生命自身的心理特点、知识经验和个性追求，教学评价也应该给予每个生命充分的尊重，不以单一、粗暴的标准作为尺度；要接纳和珍视生命的多样性，包容生命的不完美，为生命营造自由、宽广的成长空间；要以多样的方式和多种手段，激扬生命、发展活力，在师生生命的共同成长中，为学生一生的发展奠基。

2. 以生为本

“教是为了不教”，教学中要把时间和空间还给学生。评价也要全面依靠学生，满足不同层次学生的需求，要相信每一个学生的能力，尊重每一个学生的见解，促进和发展每一个学生的潜能；教学要以学生为主体，评价也应该以学生的自我提高和发展为出发点，尽可能地为学生提供自我选择、自我探索、自我思考、自我创造、自我表现和自我实现的空间；要通过评价不断培养学生的道德判断、道德选择和可持续发展能力，让学生在自主成长和自我发展中不断自我超越。

3. 生态发展

一节成功的思想品德课应该直击学生的心灵，使学生在感悟、体验的同时获得心灵成长和德性修养不断提升。而恰当、有效的评价是促进这种教学效果实现的催化剂。恰当的评价应该倡导绿色、生态的思想品德课堂教学，应该能够帮助学生实现低成本、高效率的成长。通过促进生态发展的评价可以促使思想品德课呈现关注学生个性差异、遵循学生的发展规律，学生在与教师多元、多向、多层次的互动中释放天性、彰显个性、快乐学习、自由成长。老师在“学”中教，学生在“教”中学，师亦生、生亦师，师生在安全、温暖、和谐的课堂环境中实现共生、共创、共成长。

4. 突出德育

思想性、教育性，是思想品德课程的根本性质，也是本学科教学和评价的灵魂，它决定着课程的方向，规定着课程的基本特征，它要求本学科的评价必须突出德育的特征和功用。

5. 多维统一

综合性是思想品德课程的基本性质，它决定了本学科的多维统一性，以及立体发散性；学科知识的四个方面，即道德、心理健康、法律和国情必须有机统一；三维目标也应高度融合。所以无论是教学还是评价都应该注重综合性，切忌单一、机械、草率地评价。只有强调综合性，才能将学生真正看成一个统一的综合体，关注到学生的个性和不同潜质，才能在评价中关注到三维目标和学生的长远发展。同时，多维统一的评价观要求学科评价不仅要重视结果，更要注重发展、变化和过程，要把形成性评价与终结评价结合起来，把量化评价和质性评价结合起来。

6. 知行统一

思想品德教学相对于其他学科更加强调学生知行统一，也就要求无论是教学还是评价要从知入手，但目的不能仅仅停留在知的层次，更重要的是要解决行的问题。思想品德教学评价要坚持实践性，要充分利用社会教育资源，开展各种课外、校外活动。通过实践和活动加深学生的体验与感悟，并在实践与活动中发现学生的问题或优点，从而以此为契机促进学生道德认知、道德践行的和谐发展。

二、国情视域下的多维度学科教学评价

“多一把尺子，就多一批好学生。”结合我国的国情和当前的教育改革发展现状，思想品德课的评价方式要具有多样性。

（一）思想品德教学评价的有效方式

1. 观察

观察式评价，就是在自然状态下，有目的、有计划地观察学生在日常学习、生活中所表现出来的情感、态度、能力和行为，并记录下来，作为对学生进行评价的依据。

观察法是一种最基本的品德品评价方法，其特点是简便易行。我们可以通过这种方法对学生的学习态度进行观察，并做出评价，也可以依据课程标准的规定对学生的其他思想品德情况进行观察和评价，比如与他人交往中的表现、意志品质情

况、社会活动情况等，它可以多方位、更全面、更客观地了解学生，帮助学生。

观察是一种有效的评价方法，但不是评价的目的，评价的目的在于通过观察发现学生的特点、优点，或者问题，并着手在教学中促进学生发展优点，改正不足。

案例指引三：信任

都说信任是相互的，老师信任学生，学生就会以诚实回报。这个简单的道理从我进入师范大学时就常常挂在嘴上，而且觉得自己一定会做得很好。然而，上班后的一件事给了我当头一棒，并使我陷入了深深的反思。

【情境】

记得那是发生在两年前的一件事，我刚刚大学毕业，对教师职业充满了向往与期待。那天，我怀着忐忑不安的心情走进了向往已久的课堂，人生第一次独自面对这么多陌生的面孔使我感到一阵莫名的紧张。开始上课，首先是自我介绍。几分钟后，我发现自己不再忐忑，同学们也逐渐活跃起来，这时我提出了一个问题："初中学习生活与小学相比有什么不同呢?"这时我发现教室角落里一个一直很沉默的男同学在盯着我，于是叫他起来回答。他站起来支吾着，我很生气，对他说："人最可贵的是诚实，你不会回答举手做什么?"他的脸不知为什么开始涨得通红，终于他胆怯地抬起头用很小的声音对我说："老师，我刚才没有举手。"我一愣，脑子嗡的一下不知如何是好，我不愿意放下老师高傲的自尊去承认自己的失误，于是硬着头皮对他说："那么多没举手的，我怎么就能叫到你呢？人最可贵的品格应该是诚实，请坐吧!"

【我的思考】

下课后回到办公室，坐在自己的位置上开始反思自己处理这件事的言行是否得当。首先，这名同学周围的人确实都举手了，可这名同学究竟有没有举手我并不能确信；其次，我的骨子里仍有一种没有剔除的偏见，老师不允许学生申辩是天经地义的；最后，这名同学的行为是对老师的一种喜欢和信任，可我的做法无疑打击了他的自信心和对老师的信任感。

【我的补救办法】

想到这儿，我再也无法使自己平静下来。第二天我找到这名同学对他说："老师昨天错怪了你，你是一个诚实的好学生。希望咱们都把这件事当作一面镜子，我以后努力做一名诚实的好老师，你也努力做一名诚实的好学生，好吗?"说到这儿我看到他脸上理解的笑容和眼里闪动的泪花，我相信这是被诚实精神所打动的泪。

【这样处理问题收到的效果】

再后来这名同学成为我课堂上的活跃分子。在以后的三年中，他一直和我无话不谈，在他眼里我不再只是老师，更是他真诚的朋友。我至今还保留着他在教师节送我的贺卡，上面写道：我冒犯了自己的老师，却仍能得到老师的谅解，并向我道歉。是您的真诚使我对老师有了新认识，这是我从厌学开始转变的起点，我会永远记住您——老师！

【反思】

在以往的教育中，情感、态度与价值观等目标往往被我忽略。然而，一名教师应当关注每一位学生。建立平等的、相互信任的师生关系是顺利开展一切教育活动的前提。

教师不仅是知识的传授者，还应该自觉规范自己的言行，做育人的模范。“学高为师，身正为范”，不应仅仅体现在我们的理论储备中，更应该充分地渗透到我们的日常教学工作中。

事情已经过去很久，可至今仍令我难以忘怀。在以后的教学过程中，类似的事仍然避免不了地再次发生，但我都选择了当场致歉。我坚信：老师在要求学生诚实的同时，学生往往更渴望老师的诚实。信任是相互的，老师只有信任学生，学生才会以诚实回报。

上述教学案例中，教师对学生的观察和之后的反思，以及采取的行动和措施，使得评价成为促使师生德性共同成长的有效催化剂。这样的观察式评价其效果和意义远远大于单纯的说教和学业成绩所达到的德育效果。

2. 描述性评价

描述性评价可以是正式的书面语评价，也可以是口头语评价。书面语评价指的是教师在与学生进行充分交流的基础上，用描述性的语言将学生在思想品德某一方面的表现，如态度、能力和行为等写成评语，并针对存在的问题提出改进建议，多采用激励性的语言。口头语评价指的是教师通过与学生各种形式的对话，获得学生思想品德发展状况的信息，据此对学生进行评价和引导。

描述性评价具有及时性、动态生成性、交互性，所以更加贴近学生，更加亲切自然，所以是评价方法中不可缺少的重要组成部分。

案例指引四：语言评价

一、鼓励式

一位老师在教学九年级思想品德有关计划生育的内容。

师问：“计划生育的要求是什么呢？”

生答：“晚婚晚育少生优生。”

师接着问：“那么谁知道晚婚的年龄是多大？晚育又指年龄多大呢？”(该问题教材没有涉及，但这是常识问题)

其中一个平时对思想品德课不太感兴趣的学生大声地回答道：“晚婚指男方28周岁，女方26周岁。晚育指女方27周岁生小孩。”

“哈哈哈……”同学们笑了起来，我也笑了。他有些不自在，脸腾地一下子红了，头低了下去。这时我大声说道：“某某同学，不仅现在遵纪守法，将来也一定遵纪守法，会成为合格的社会公民，为祖国解决人口问题做出自己的努力。”他眼睛一亮，红着脸笑了，同学们也友善地笑了。

此时老师接着问："某某同学，那你是怎么想到这个年龄呢？"

男孩说："我大哥结婚时28周岁，我嫂子26岁，他说他们俩属于晚婚，又说过年要小孩，属于晚育了，还享受单位特殊奖励呢！所以……"

老师笑了，鼓励他说："你真是一个对生活细心留意的孩子，老师很欣赏。"然后老师这样建议该男生："一些政策性的问题，应该多上网查阅资料证实一下，相信效果更好。晚婚，指初婚男女，男方不小于24周岁，女方不小于22周岁；晚育，指初婚男女生育第一个子女时，女方不小于24周岁……"男孩听得非常认真，对本学科的态度也相应地发生了改变。一句鼓励性评价胜过一堆说教的"废话"。

二、幽默式

一位教师在学生做完选择题对答案时，要求每个学生讲两个小题作答的原因。有的孩子讲讲就多讲了，其他同学哈哈大笑，而这名同学不好意思。这时老师笑着学着赵本山的语气说："恭喜你，学会抢答了，那就再回答两个小题吧！"同学们笑得前仰后合，这名同学也不觉得尴尬了，继续讲题，课堂效果较好。

另一位老师在教学"情绪"一课时，同学们正在举手回答问题时，教室后排的一个学生把他后面的课桌碰倒了，老师边扶起课桌边说："你准是着急回答问题了，你先说吧。"他在同学们释怀的笑声中认真地回答了问题。老师接着说："你刚才情绪激动了，幸好碰倒的是课桌，要是玻璃杯后果就惨了。所以我们在生活中要学会控制情绪。"教师机智幽默的评价既很好地处理了突发事件，又将学生的注意力集中到"情绪"的学习上。

三、"串门"式

一位老师在教"科教兴国战略"一课时，涉及这样一个问题：为什么要实施科教兴国战略？其中一个孩子的回答非常有创意，从国内国际角度分别进行了分析，把自己从新闻中获取的信息也融合进来，按理这么好的答案同学们应有反应，可是他们特别茫然。老师知道这些孩子又犯困了，因为思想品德课一般安排在下午，同学们的精神状态不是很好。这时老师大声说了句："你答得 very good，good，good 得用汉语无法表达了。"

同学们先是一愣，接着"哈哈……"笑了，老师也笑了。回答问题的孩子自豪地坐下了，课堂气氛活跃了，一部分学生的手举了起来，也要发表自己的见解，想获得"good"了。

四、诱导式

一位教师在教学"我爱我师"一课时，设计了"夸夸我的老师"的环节，有位学生说："我们有位老师非常强壮，有190多斤呢，他上课从不迟到，上45分钟的课，他会说半个小时的'废话'，其他的时间才是给我们讲课呢。"当时教室就笑声一片，老师脑海里闪念：这哪是夸老师啊？但从同学们的表情上看好像很喜欢这位老师，然后追问："同学们你们喜欢这位老师吗?"学生说："喜欢。""为什么说那么多'废话'还喜欢?""好玩儿。""那老师说的是'废话'吗?""不是。""我知道我们班这科成绩非常棒，看来啊，老师的教学有特色，我们还是很喜欢这位老师的。"这种评价语使学生在知识技能的增长过程中升华了情感，也发挥了正确的导向作用。

五、激励式

激励式语言评价源于对学生真诚的爱。教师要用敏锐的眼光去捕捉学生身上瞬间即逝的"闪光点"，运用灵活的表扬方法，让评价具有针对性和实用性，以达到最佳效果。

首先，评价要恰当、多角度。表扬学生的精神，如"回答得真好、非常有创造性"；表扬学生的行为，如"你真是个有责任心的好孩子"；表扬学生的素质，如"这种方法很有新意，说明你动了番脑筋"等。

其次，要因材施教。针对学生个体差异采取不同的评价方法：对见解独到的学生，表扬他"很有创意"；对见解一般的，鼓励他"回答正确"；对基础知识掌握不牢固的同学，要纠正错误并给以"你有进步"的评价等。

最后，要把握好表扬与批评的度。表扬要进行有效的反馈和激励，表扬不能过度，要适中。批评也是一种评价形式，以不伤害学生自尊心为前提。批评的语言要婉转，要寓情于理、欲抑先扬、说清利害、循循善诱、指明方向，易于学生接受并改进不足。

案例指引五：学生作业中的教师评语

抓住第一次批阅作业的契机

学生对第一次作业都比较重视，教师要抓住这一契机，充分尊重学生的作业成果，可以借助一些语言文字、符号等评语方式，给学生以正面、积极、肯定性的评价，如"你真让老师高兴!""老师为你骄傲!"一句洋溢着感动和暖心的话语能给学生的心灵带来养分。这微不足道的表扬和肯定性评价也许会影响学生的一生。

评语的内容渗透人文关怀

评语要充分体现"以人为本"，渗透人文关怀。评语的内容多一些名言警句，多一些鼓励性话语，多一些心灵的温暖和关爱。

格言类评语：千里之行，始于足下。一分耕耘，一分收获。一个人最大的敌人不是别人，而是自己。想成功的人已经成功了一半。……

哲理类评语：青春是短暂的，但那份对未来的执着，对成功的冲动，对明天的自信是永恒的。伟大、成功都源于对细小事物的积累，每天都有新突破、新收获，幸运就会伴随你。优秀的人似乎在很多方面都表现出超常的能力，这并不是上天的偏爱，而是自己平时努力淬炼的。

激励类评价：你的梦想和追求必将鼓励着你继续前进、经受考验、实现成功。相信在文字、符号、数字、字母的世界里，你会获得更多的快乐。去享受学习吧!

作业是自己思想的呈现，非常富有创意，相信你的努力会让更多的人刮目相看。其实你是一位有思想、有主见、富有潜质的同学，相信你会管好自己，追求更大的进步。会学习的人把学习当做一种快乐和享受，相信你是一位会学习的同学。

强调学生自我评价

作业评价也应展示学生的自我评价，让学生在教师的评语背后写上一句自我鼓励的话语。

示例一：【教师评语】你真的是很棒的，你的自信让老师感受到一个未来的巨人在崛起，你会在开发、释放潜能中证明自己的实力！【学生自评】我觉得这次作业做得还是不够好，我会用自己的努力来证明自己是生活的强者！

示例二：【教师评语】你富有超前意识，相信你会在人生的赛场中超越对手、赢在终点、笑到最后！【学生自评】你让我看到了希望，找回了自信，我会为自己的梦想而奋力拼搏，阳光总在风雨后，相信我！

示例三：【教师评语】没有最好，只有更好，相信你是最棒的！昨天无法追回，明天还是未知，只有今天真正属于自己，抓住今天，现在就行动！【学生自评】你让我看到了学习上的不足，我会把握好今天，做学习的主人。

把评阅作业的方式与过程评价、综合素质评价结合起来

教师把综合素质评定进行学科细化，特别是把学生的过程学习和成长记录结合起来。把学生作业的管理作为过程评价的一个重要参数。在过程学习中，给出一种积极的引导，让学生重视平时的学习行为、关注平时的成长点滴，把成长的过程纳入到学期终结性评价中来。

3. 项目评价

项目评价就是按照不同的项目将学生分成若干小组，由学生自主设计活动计划，围绕真实的社会生活问题进行收集、组织、解释或表达信息，如提交调查报告或小论文等。师生可以就小组成果进行分析，将小组评价与个人评价相结合。

项目评价的优点在于具有较强的实践性和综合性，可以多维度地对学生进行评价，也有利于学生在体验、感悟中升华情感、锻炼情操，较好达成知行合一的德育效果。

案例指引六：项目：北京市民节水情况调查①

学生撰写的调查报告（节选）

一、基本情况

为全面了解北京市民节水情况，2012年3月27日下午首都师范大学附中初一年级在北京市玉渊潭公园开展了节水情况调查。为完成此次工作，我随机抽取了20位人员进行调查。20位人员中有游人、公园工作人员及商业网点的摊主。问卷的内

① 选自首都师范大学附属中学《博识课案例》，有删改。

容包括与居民生活密切相关的洗衣、洗菜、洗浴、洗车、马桶冲水等日常用水情况，了解北京市民的节水意识，为全面节水提出建议。

二、数据分析

1. 洗衣类型

在参与调查的20份问卷中，有60%的市民使用滚筒式洗衣机，30%的市民使用涡轮式洗衣机，10%的家庭经常用手洗，无人使用干洗。涡轮式洗衣机和手洗比滚筒式洗衣机省水，因此可以从改变洗衣方式着手节水。

洗衣类型分布如图5-1所示。

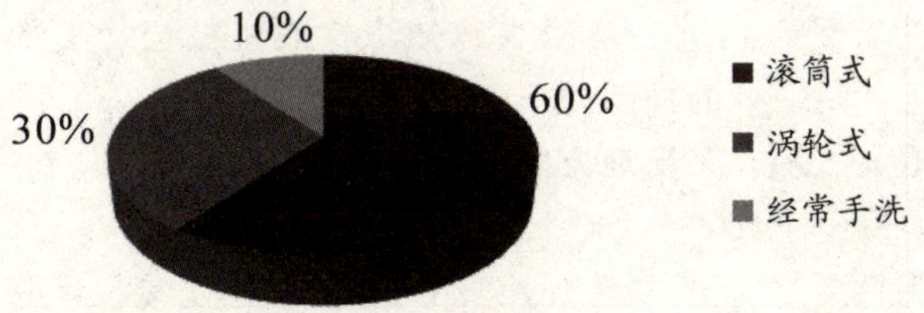

图5-1　洗衣类型

学生通过主题活动，或观察社会，或感受历史与科技，或思考人生与信念，活动虽然比较耗时，活动成果的展示也比较复杂，但通过他们的展示，教师可以清晰地看到学生所持的价值观、人生观、世界观，以及对人对事的态度，包括一些思维方式、能力等。

4. 成长记录

成长记录就是建立学生的成长足迹袋，记录学生在本课程学习中的各种表现，主要是进步和成就。以学生的自我记录、自我小结为主，教师、同学、家长共同参与，学生以评价对象和评价者的双重身份参与评价过程。

成长记录不同于班级管理或者综合实践活动等课程中建立的成长记录，需要结合思想品德学科的具体内容和本校学生的实际情况，选择成长记录中的项目、内容、展示方式等。项目依据课程内容，涉及心理品质、交往的品德、服务社会、观察社会、关心祖国等；内容可以是设计活动留影、自我评价、家长评价、教师寄语等；展示方式可以通过小组展示、全班展示、分阶段总结等。

(二)科学有效的学业水平考试评价

学业水平考试是思想品德学科不可或缺的评价方式，也是使用最广，对教学影响最大的评价方式。目前全国大部分地区的思想品德学科纸笔考试有开卷和闭卷两种基本形式。

纸笔考试目前仍然是最重要的评价方式，如果命题理念新颖、考查内容科学，注重考查学生理解和运用知识解决道德实践中实际问题的能力，则对于促进学科教学改革发展、学生健康成长和持续发展会发挥别的评价方式不可替代的作用。

1. 命题理念

第一，依据新《课标》，注重“双基”，联系实际，难易适度，考查能力，关注发展，养育人性，提升品格。

第二，彰显课程性质，注重价值引导，强调能力立意，体现教育价值，渗透人文关怀，强化德育功能。

第三，关注“热点”，兼顾“冰点”，弘扬真善美，鞭挞假恶丑；体现时代性，注重地域性。在突出思想性的基础上，增强实践性、综合性和开放性。努力实现从“应试”到“应用”的转变，突出考查核心内容和核心能力，坚持“科学考查双基”，特别是在开卷考试的背景下，进一步减少纯知识性或机械记忆类的试题，力求跳出“教教材、背教材、考教材”的怪圈。

第四，关注重大主题，突出地方特色。创设情境，搭建平台，鼓励探究，倡导创新，挖掘潜能，展示个性。

第五，照顾不同学情，扩大选择空间，坚持活而有度，开放规范统一。摒弃“死记硬背”“生搬硬套”，杜绝繁、偏、怪题，充分尊重考生的主体地位和个性特点，引导他们学会学习，健康成长，帮助他们实现自主发展、可持续发展。

第六，按照“回归生活，回归品德”的要求，贯彻“考试即生活”的命题理念，干预生活、参与生活、反映生活、透视生活，增强生活气息，卷面生动活泼，材料新颖鲜活，设问适切恰当，努力营造和谐的考试氛围，充分调动考生的积极性。

第七，充分关注国计民生，培养社会责任感，注重知识与技能、过程与方法、情感态度与价值观考查的有机结合，水乳交融。

第八，考查特点呈现多维、立体、发散；学科知识的考查从过去的孤立、静态转变为联系、动态；命题构思追求高立意、低切入，大处着眼、小处着手。

第九，打破思维定式，加大改革力度，实现从内容到形式的整体优化。改善平铺直叙、平淡无奇的传统试卷结构，使试卷多姿多彩，喜闻乐见，引人入胜。

2. 考查宗旨

考查宗旨既要考查考生所学知识和技能是什么，又要考查这些知识和技能对考生的成长与发展发挥什么作用和怎样发挥作用，重点考查核心能力和综合素质。核心能力即创新思维能力、综合探究能力和社会实践能力。

3. 试卷举例

案例指引七：2013 年河南省初中学业水平暨高级中等学校招生考试试卷①

思 想 品 德

注意事项：

1. 本试卷共 6 页，四个大题，满分 70 分，考试时间 60 分钟。请用蓝、黑色水

① 2013 年河南省初中学业水平暨高级中等学校招生考试试卷(思想品德)。

笔或圆珠笔直接答在试卷上。

2. 开卷考试，可查阅参考资料，但应独立答题，禁止讨论、交流资料等行为。

3. 答题前请将密封线内的项目填写清楚。

温馨提示：

思想品德课程，关注国计民生，倡导道德践行，引领人生航程。

唱响自信之歌，你我相伴前行，发挥最佳水平，祝你走向成功！

一、请你选择(共 20 分)

▲单项选择(4 小题，每题 2 分，共 8 分。下列每小题的四个选项中，只有一项是最符合题意的，请将所选项字母填入题后括号)

1. 习近平同志在纪念现行宪法公布施行 30 周年大会上发表重要讲话指出："维护宪法权威，就是维护党和人民共同意志的权威。捍卫宪法尊严，就是捍卫党和人民共同意志的尊严。保证宪法实施，就是保证人民根本利益的实现。"这【　　】

A. 说明坚持依法治国就能够切实维护人民利益

B. 表明宪法制定和修改程序比普通法律更严格

C. 符合加快社会主义精神文明建设的必然要求

D. 要求我们树立宪法意识维护宪法权威和尊严

2. 位居我国领土最南端的三沙市正式成立；我国向联合国提交东海部分海域 200 海里以外大陆架外部界限划界案；《中国武装力量的多样化运用》白皮书发布；中国海监编队在中国钓鱼岛海域开展全方位维权巡航。以上举措【　　】

A. 将树立我国要和平求合作促发展的负责任大国形象

B. 昭示我国捍卫国家主权和领土完整的意志坚定不移

C. 表明我国坚持始终不渝地奉行互利共赢的开放战略

D. 有利于提高我国的海洋资源开发能力建设海洋强国

3. 2012 年是中国科技创造多项历史纪录的一年。这一年，我们"上天""入海"，探微寻秘，用科技的力量打开一个个未知之门；这一年，我们创造了彰显中国特色的"精度、高度、深度、广度"，写下了科技领域的中国篇章。这些成就【　　】

礼到人未到

A. 说明当今世界国际竞争日趋激烈

B. 证明我国已经成为人力资源强国

C. 将有助于提升我国的核心竞争力

D. 启示我们必须优先发展科学技术

4. 新修订的《中华人民共和国老年人权益保障法》将于2013年7月1日起施行。该法明确规定："家庭成员应当关心老年人的精神需求，不得忽视、冷落老年人。""与老年人分开居住的家庭成员，应当经常看望或者问候老年人。"上述规定【　　】

A. 表明孝敬父母已经成为子女的法定义务

B. 有利于进一步弘扬孝亲敬长的传统美德

C. 要求成年子女只需要在精神上慰藉父母

D. 能够从根本上解决我国面临的养老问题

▲多项选择(4小题，每题3分，共12分。下列每小题的四个选项中，至少有两项是符合题意的，请将所选项字母填入题后括号。多选、错选均不得分。少选者：若有两个正确选项，只选一项者得1.5分；若有三个正确选项，每选一项得1分；若有四个正确选项，选三项者得2分，选一、二项者均得1分)

5. 有人秀着"乌叔"的马步自得其乐，有人把玩着"苹果"追逐时尚，有人追捧某歌手为"星之大侠"，有人为"三国杀"寝食皆忘……面对这种现状，正确选择应是【　　】

A. 善于模仿，顺势而为　　　　B. 明辨是非，择善而行

C. 理性思考，绝不盲从　　　　D. 兴趣多元，跟风弄潮

6. 消费安全，事关重大。然而，生活中却时常遭遇：二恶烷广泛存在于洗漱用品及多种日常食品中，不少化妆品中掺有汞和铅，反季节蔬菜水果中含有大量的催熟剂，一次性筷子中含有残存的工业硫黄、石蜡、双氧水和无水焦磷酸钠……这些现象的存在【　　】

A. 威胁人民群众生命健康　　　　B. 有悖诚实守信基本要求

C. 是科技创新的必然结果　　　　D. 表明消费安全形势严峻

7. 邓州"编外雷锋团"数十载传递爱心；周口67岁的"党员奶奶"彭秀英舍生救出车轮下的孩子；商丘市民姜德强奔波几百里给素不相识的人送去救命药；开封77岁的刘传真14年无偿照顾、辅导100多名农民工子女……这些"活雷锋"的事迹【　　】

A. 践行了社会主义核心价值观　　　　B. 营造了友善和谐的社会氛围

C. 展示了中原儿女的良好形象　　　　D. 传递了社会主义道德正能量

8."我们的人民热爱生活，期盼有更好的教育、更稳定的工作、更满意的收入、更可靠的社会保障、更高水平的医疗卫生服务、更舒适的居住条件、更优美的环境……人民对美好生活的向往，就是我们的奋斗目标。"实现上述奋斗目标，需要【　　】

A. 坚持发展第一要义，奋力实现总体小康

B. 着力保障改善民生，促进社会公平正义

C. 深化分配制度改革，不断增加居民收入

D. 健全社会保障制度，提升人民幸福指数

二、请你辨析(10分)

9. 有4位大学毕业生主动到农村联手创业，租地进行无公害种植，此举遭到家长和亲朋好友的反对。

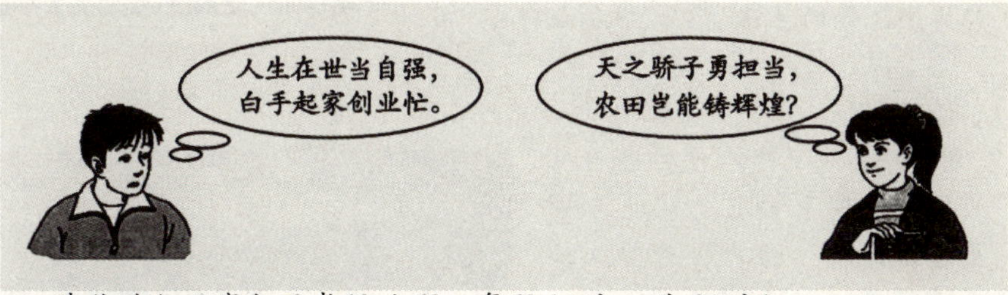

三、请你进行观察与思考(2小题，每题10分，共20分)

10. 材料一：寨墙、古桥、老井、青砖、门楼、木雕……近期，首批中国传统村落名录公布，646个村落入选。这些村落有一个共同的特点，大都保留有独特的村落布局、精巧古朴的建筑、传承至今的风俗技艺，具有较高的历史、文化、科学、艺术、社会、经济价值。

材料二：传统村落承载着文化血脉和历史荣耀。然而，分散在各地的传统村落正面临快速衰落甚至消失的可能，很多有价值的民俗文化和传统技艺几近失传。加强传统村落保护刻不容缓。

结合上述材料，运用所学知识，思考下列问题：

(1)开展中国传统村落评选活动意义何在？(两个方面即可。4分)

(2)加强传统村落保护，你有哪些设想？(三个方面即可。6分)

11. 材料一：汉字是中华文化之基。近年来，CBD、BRT、ATM、POS等许多字母词(英语缩略词)呈迅速扩张之势。《中华人民共和国国家通用语言文字法》明确规定不应该使用英语的地方，“字母词”也屡见不鲜。特别是城市的一些公共场所经常见到“字母词”标识，让人仿佛置身于异国他乡。与此同时，随着互联网的普及，人们的交流方式和学习方式也在发生着悄然变化，致使中小学生的汉字书写和汉语表达能力有所削弱。提高中小学生的汉字书写和汉语表达能力势在必行。

材料二：从2013年秋季起，河南省中小学将通过开设书法课程和相关课程实施推进书法教育。一至九年级书法教育以语文课程和书法艺术课为主，每周至少1课时书法课；普通高中要在语文等相应课程中设置与书法教育有关的选修课。

结合上述材料，运用所学知识，思考下列问题：

(1)请你谈谈提高中小学生汉字书写和汉语表达能力的重要意义。(两个方面即可。4分)

(2)请就如何提高中小学生汉字书写和汉语表达能力谈谈你的主张。(三个方面即可。6分)

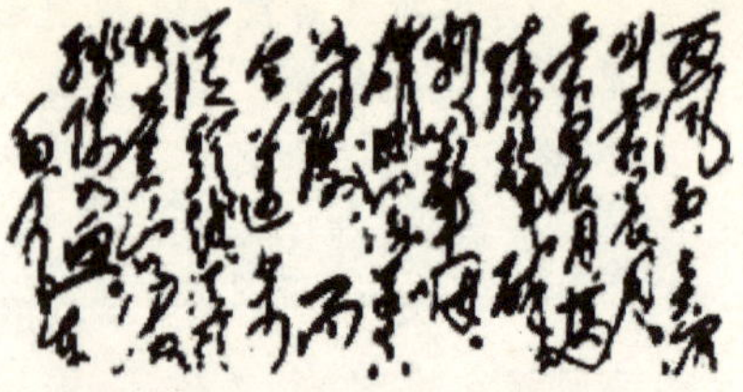

毛泽东《忆秦娥·娄山关》手迹

四、请你参加活动与探索(2小题，每题10分，共20分)

12. 材料一：党的十八大报告明确指出，面对资源约束趋紧、环境污染严重、生态系统退化的严峻形势，必须树立尊重自然、顺应自然、保护自然的生态文明理念；促进生产空间集约高效、生活空间宜居适度、生态空间山清水秀，给自然留下更多修复空间，给农业留下更多良田，给子孙后代留下天蓝、地绿、水净的美好家园。

材料二：当前，我国石油、铁矿石等主要资源对外依存度已超过55%，全国年均缺水量超过500亿立方米，2/3的城市缺水；资源综合利用率只有35%左右，单位国内生产总值资源能源消耗远高于发达国家；重点流域水污染严重，部分城市灰霾现象凸显，重金属和持久性有机污染加重；水土流失面积占国土面积37%，沙化土地面积占18%、80%以上的草原不同程度退化。

据悉，你校正在举办“美丽中国，你我共建”主题活动，请你参与并完成下列任务：

(1)“生产空间集约高效、生活空间宜居适度、生态空间山清水秀”凝练地描绘出未来中国发展的美好愿景。请你谈谈打造“三个空间”有何重要意义？(两个方面即可。4分)

(2)“给自然留下更多修复空间，给农业留下更多良田，给子孙后代留下天蓝、地绿、水净的美好家园。”实现上述目标应采取哪些举措？(两个方面即可。4分)

(3)美丽中国，人人共建。作为一名中学生，你会落实哪些具体行动？(两个方面即可。2分)

13. 材料一：梦想凝聚力量，奋斗成就伟业。实现中华民族伟大复兴的中国梦，就是要实现国家富强、民族振兴、人民幸福。中国梦是宏大的，它积淀着中华儿女的世代夙愿；中国梦更是具体的，它洋溢在孩童微笑的脸庞，澎湃在青年滚烫的心

中，绽放在老人幸福的眉宇。现在，我们比历史上任何时期都更接近中华民族伟大复兴的目标，比历史上任何时期都更有信心、更有能力实现这个目标。

材料二：谋跨越求崛起，建小康富人民，兴河南强中原，就是中国梦在河南的具体目标，就是一亿河南人民的中原梦。郑州航空港经济综合实验区作为建设中原经济区的战略突破口，为实现中原梦提供了宝贵的支撑。

有梦想的大中国气吞山河，有梦想的大中原魅力无限。据悉，你校即将开展“追逐中国梦，献力中原梦”系列主题活动，请你参与并完成下列任务：

(1)实现中国梦，需要确保人民幸福。请阐明理由。(两个方面即可。4分)

(2)实现中原梦，郑州航空港经济综合实验区能够起到哪些积极的助推作用？(两个方面即可。4分)

(3)实现中国梦和中原梦，都需要有志青年的不懈奋斗。请你为此撰写一条主题鲜明、观点正确的励志语。(2分)

2013年河南省初中学业水平暨高级中等学校招生考试
思想品德试题参考答案及评分标准

注意事项：

1. 本试卷分为选择、辨析、观察与思考、活动与探索四种题型，全卷满分为70分。

2. 本试卷体现新课程理念，具有开放性，评卷组织单位应根据参考答案、评分标准和考生答题实际制订出相应的评分细则。

3. 评卷时应尊重考生的主体地位和个性特点，鼓励创新。主观性试题应采意给分。

一、选择(共20分)

▲单项选择(4小题，每题2分，共8分。下列每小题的四个选项中，只有一项是最符合题意的，请将所选项字母填入题后括号)

1. D　　2. B　　3. C　　4. B

▲多项选择(4小题，每题3分，共12分。下列每小题的四个选项中，至少有两项是符合题意的，请将所选项字母填入题后括号。多选、错选均不得分。少选者：若有两个正确选项，只选一项者得1.5分；若有三个正确选项，每选一项得1分；若有四个正确选项，选三项者得2分，选一、二项者均得1分)

5. BC　　6. ABD　　7. ABCD　　8. BCD

评分说明：以下各题，考生答案若与本参考答案不一致时，只要符合题意，言之有理，均可酌情给分。

二、辨析(10 分)

9.(1)人生当自强。自强是实现人生价值的必备品质，是我们搞好学习、健康成长、将来成就事业的强大动力。(或自强是一种高尚的精神，是一种美好的道德品质，培养自强心理品质有利于促进事业成功。或一个人只有自强不息，才能做到志存高远，为远大的理想和目标而执着追求)(2 分)

(2)白手起家就要发扬艰苦创业精神。艰苦创业精神与人类社会发展同在，是成就任何事业必不可少的精神力量，是实现理想的重要途径。(或艰苦奋斗是中华民族的传统美德，是我们民族精神的重要内容，人类社会的一切文明成果，无一不是艰苦创业精神的结晶)(3 分)

(3)作为天之骄子的当代大学生，肩负着“振兴中华，实现现代化”的历史使命。(或：作为天之骄子的当代大学生，肩负着实现中华民族伟大复兴的历史重任。或：时代青年勇于承担历史重任，我们的现代化建设事业才会后继有人，中华民族伟大复兴才能变成现实，青年人的自身价值才能得到进一步提升)(2 分)

(4)扎根农村自主创业也能成就辉煌人生。只要通过自己的劳动创造，促进了国家发展，社会进步，就是有价值的人生。(或一个人能够为家乡和社会做出贡献，就能体现自己的人生价值)铸就辉煌人生，需要我们自强不息，艰苦创业，在劳动创造中实现人生价值。(3 分)

评分建议：第(1)层答出自强的重要性或意义即可给 2 分。第(2)层答出艰苦创业或艰苦奋斗的重要性或意义即可给 3 分。第(3)层答出作为“天之骄子”的大学生应该承担的历史使命是什么，或者承担历史使命的重要意义即可给 2 分。第(4)层答出什么样的人生是有价值的人生即可给 2 分，总结实现人生价值需要自强不息、艰苦创业即可给 1 分。

三、观察与思考(2 小题，每题 10 分，共 20 分)

10.(1)(4 分)有利于传承中华优秀传统文化(或：有利于传承民间优秀传统文化)；有利于保护中华文化的多样性(或：有利于保护我国文化遗产)；有利于增强全社会保护传统村落的自觉性；有利于建设社会主义文化强国(或：有利于增强中华文化的整体实力和竞争力)；有利于增强全民族的文化自觉和文化自信。

(2)(6 分)制定并完善保护传统村落的法律、法规。加大对保护传统村落的资金投入。开发与保护相结合，大力发展传统村落文化旅游产业。宣传保护传统村落文化的重要性。培养传承传统技艺的人才。编制传统村落保护发展规划，并认真落实。出台保护传统村落的政策。设置传统村落保护标志，建立保护档案。对确定保护的濒危建筑物及时抢救修缮。坚持创新，探索保护传统村落新途径。依法严厉打击各种破坏传统村落的行为。传统村落遭到破坏之处，应予以及时修复，并追究破坏者的责任。增强保护传统村落的责任感，发现破坏传统村落的行为要予以制止或举报，等等。

评分建议：第一问答出任意一个方面即可给 2 分，最高给 4 分。第二问答出任意一个方面即可给 2 分，最高给 6 分。

11.(1)(4 分)有利于帮助中小学生规范使用汉语汉字。有利于捍卫汉语的纯洁性，保护中华文化的基础。(或：有利于防止“字母词”对汉语的侵蚀)有利于增强中小学生对汉语汉字的情感。有利于丰富学生的精神文化生活。(或：有利于培养学生高雅生活情趣，陶冶情操、愉悦身心)有利于推进素质教育，提高学生的综合素质，等等。

(2)(6 分)国家要完善推动汉语教育方面的法律、法规。政府主管部门要加大力度整治社会用字混乱现象。教育主管部门要采取多种措施推动书法课程的实施。(或：教育主管部门要落实并监督检查书法教育开展情况)有关部门要加强宣传，营造重视汉语应用能力培养的社会氛围。学校要认真落实开设书法课程的相关规定，调动学生学习书法课的积极性。(或：学校要开展形式多样的书法评比和竞赛活动，表彰、奖励优秀学生)学生要增强学习汉语的主动性，提高汉字书写和汉语表达能力，等等。

评分建议：第一问答出任意一个方面即可给 2 分，最高给 4 分。第二问答出任意一个方面即可给 2 分，最高给 6 分。

四、活动与探索(2 小题，每题 10 分，共 20 分)

12.(1)(4 分)有利于促进我国经济社会持续健康发展。(或：这是破解我国经济社会发展面临的资源环境瓶颈制约的必然选择)有利于提升环境质量，不断改善居民的生存条件、生活质量。有利于大力推进生态文明建设，实现中华民族永续发展。(或：有利于缓解我国日益严峻的资源环境形势)有利于深入贯彻落实科学发展观。(或：有利于实施可持续发展战略。或：有利于落实节约资源、保护环境的基本国策)有利于建设资源节约型、环境友好型社会。有利于全面建成小康社会，助推中华民族伟大复兴。有利于保持社会和谐稳定大局，构建社会主义和谐社会。有利于我国更好地参与国际竞争与合作，等等。

(2)(4 分)牢固树立生态红线观念。坚持节约优先、保护优先、自然恢复为主的方针，着力推进绿色发展、循环发展、低碳发展。实施重大生态修复工程，推进荒漠化、石漠化、水土流失综合治理，保护生物多样性。(或：对天然林地、草场、湿地实行严格保护，对生态破坏地区实行退耕还林还草)要严守耕地保护红线，严格土地用途管制。要坚持节约集约利用资源，提高利用效率和效益。加快转变经济发展方式，大力发展绿色经济、循环经济、低碳经济。坚持预防为主、综合治理，强化水、大气、土壤等污染治理。完善保护环境、节能减排方面的法律、法规。加强监管、执法力度，着力整治高污染、高耗能企业，对违法行为要加大打击力度。加强生态文明制度建设，建立体现生态文明要求的目标体系、考核办法、奖惩机制。加强生态文明宣传教育，增强全民节约意识、环保意识、生态意识。企业要遵守节约资源、保护环境的相关法律、法规，落实节能减排。全体公民要增强忧患意识，自觉践行低碳绿色环保的生活方式。

(3)(2分)节水、节电、节粮，节约用纸。外出吃饭适量点餐，剩余饭菜打包带回。积极参加植树种草，爱惜花木。不用或少用一次性用品。践行绿色出行方式。利用节假日回收废旧电池。少买或不买光盘、磁带等物品。

评分建议：第一问答出任意一个方面即可给2分，最高给4分。第二问答出任意一个方面即可给2分，最高给4分。第三问答出任意一个方面即可给1分，最高给2分。

13.(1)(4分)我国是人民当家做主的社会主义国家。中国共产党始终坚持立党为公、执政为民。(或：中国共产党始终代表中国最广大人民的根本利益。或：中国共产党的宗旨是全心全意为人民服务)这是深入贯彻落实科学发展观的必然要求。社会主义制度具有无比的优越性，(或：有利于彰显社会主义制度的无比优越性)是让全体人民共享改革发展成果的需要。(或：有利于让全体人民共享改革发展成果)是维护社会公平正义，保持社会和谐稳定的需要。(或：有利于维护社会公平正义，保持社会和谐稳定)是保障和改善民生，构建社会主义和谐社会的需要。(或：有利于保障和改善民生，构建社会主义和谐社会)是全国各族人民的迫切要求和共同期盼。

(2)(4分)促进河南经济持续健康发展，助推中原崛起河南振兴。(或：助推河南由经济大省向经济强省跨越)促进区域经济协调发展。提高河南及中西部地区的对外开放水平，促进开放型经济健康发展。提高河南的知名度、美誉度和影响力，促进河南整体实力的提升。提高河南人民的生活水平，建设幸福河南(或：逐步实现共同富裕)。

(3)(2分)略。示例：青年一代要敢于有梦、勇于追梦、勤于圆梦；在实现中国梦的生动实践中放飞青春梦想，在为人民利益的不懈奋斗中书写人生华章；唱响自信之歌，立志振兴中华；承担历史使命，实现人生价值；珍惜美好时光，实现远大理想；树立报国之志，唱响青春之歌；奉献青春年华，助跑中原腾飞；民族因梦想兴盛，国家因梦想富强，人生因梦想精彩；让我们在奋斗中实现自己的人生价值；等等。

评分建议：第一问答出任意一个方面即可给2分，最高给4分。第二问答出任意一个方面即可给2分，最高给4分。第三问答出任意一条主题鲜明、观点正确的自编励志语即可给2分。

案例评析

河南省中招考试作为学业评价的成功典例，证明了考试这种评价方式并非是完全枯燥、刻板、机械的，如果能够在命题理念、思路、方法上不断突破，也可以使其成为贯彻新课改精神、促进素质教育、实现思想品德学科教学目标有效达成的重要手段。

这套试卷严格遵循教育部关于中招考试评价改革的指导意见，认真贯彻落实河南省教育厅关于中招命题的文件精神，依据2003年5月教育部颁布的思想品德课程标准(因为现行教材是依据新《课标》编写的)，兼顾河南省现用各种版本思想品德教材内容，着力凸显河南省初中毕业生学业考试思想品德学科《说明与检测》的总体要求，融思想性、人文性、实践性、综合性于一体，具有鲜明的学科特征。

试题关注了中国梦、精神赡养入法、食品安全、大学生就业、生态文明建设等热点问题，背景材料的选取生动活泼、图文匹配，考查的切入点贴近学生、贴近生活，设问角度新颖，既有利于考查学生对学科知识的掌握程度，更有利于培养学生关注社会、承担社会责任的意识和能力，极大地达成了学科学业评价的目的和功能。例如第9题，试题以4位大学毕业生主动到农村联手创业，租地进行无公害种植为背景材料，创设对话情境，设置相关辩点。通过两人对话，考查自强不息、艰苦创业、时代使命、人生价值等相关知识，对考生的逻辑思维能力，综合归纳能力，知识迁移能力等有较高的要求。该题的设计意图在于：首先，依据新《课标》，回归教材，注重双基。如第一层，直接考查考生对自强这一知识点的掌握情况；第二层考查艰苦创业、艰苦奋斗的意义。其次，能力立意，设计精妙，适度拔高。作为整张试卷难度较高的试题，要兼顾不同层次考生的需求，为能力较强的考生搭建一个展示才华的大舞台，从而体现整张试卷的张力。如第三层，将背景材料中的当代大学生誉为天之骄子，引领考生明确作为天之骄子的时代青年应有的担当是什么？或者担当时代责任的重要意义有哪些？第四层，将扎根农村自主创业产生的观点交锋，简化为一句“农田岂能铸辉煌?”，引领考生明确人生价值的实现，不在于职业特点、不在于服务场所，只要对国家、社会发展有利，即可实现人生价值，创造人生辉煌。最后，人文关怀，形神兼备，注重引领。例如，在两人对话前设置情境材料，使考生能够在阅读材料的过程中，更加充分地确认辩点；试题图文并茂，生动鲜活，有利于缓解考生的紧张和焦虑。值得一提的是，2013年被称为“史上最难就业季”，作为将要面临人生抉择的初中毕业生，明确肩负的重任，树立正确的人生观和价值观，无疑对他们以后的职业选择会产生十分深远的影响。至此，我们可以自豪地说，品德教育不仅滋养学生的心灵，而且能够为每个学生的终身发展引航!

又如第12题，试题准确定位了“美丽中国”建设的辉煌蓝图，敏锐触及“美丽中国”的灵魂，成功完成了对考生的价值引领：直面“生产空间集约高效、生活空间宜居适度、生态空间山清水秀”的美丽愿景，引导考生理解打造“三个空间”有何重要意义？实现“给自然留下更多修复空间，给农业留下更多良田，给子孙后代留下天蓝、地绿、水净的美好家园”的美丽夙愿，引导考生思考应该采取哪些举措，落实哪些具体行动。可以说，良好品德的养成，人文精神的习得，都离不开现实的支撑。从党的十八大报告高屋建瓴的表达，到一系列翔实数字的呈现，从意义到建议再到具体行动的落实，无论是背景材料还是问题设计，字里行间的每一次触动，都是一次丰盈的收获，精神世界的不断丰富，必然引导持续的道德践行，建设生态文明，打造美丽中国，我们的青少年值得期待！

再如，第13题，习近平总书记提出的中国梦，点燃了中华儿女内心深处的无限激情；河南省委郭庚茂书记提出的中原梦，激发了河南人民的无限憧憬。中国梦在河南落地生根具化为中原梦，中原梦是融入河南省情的中国梦，而所有梦想的实现，都需要有梦想的中国人去努力奋斗。本题巧妙融合中国梦、中原梦和个人梦，立意高远，立体多元，为考生展示了一幅“三梦合一”的生动画卷。本题第一问密切关注国计民生，意在考查考生分析问题、解决问题的能力。值得一提的是，为了培养考生的发散思维能力，本问要求考生据此阐明理由，这就为考生答题开辟了相对宽广的空间，考生可以据此谈原因，也可以谈此举的意义，人文关怀，溢于言表；第二问蕴含浓郁中原风情，将郑州航空港经济综合实验区、中原经济区、中原梦巧妙融合，密切关注河南省发展重大成就，极大地激发了考生热爱家乡、建设家乡的热情；第三问指导考生励志践行，这样的设计，看似是考查，实则是激励，是鞭策、是感召。本题充分关注经济社会发展重大主题，高调聚焦社会突出热点，清晰描绘中原发展画卷，深情演绎厚重人文关怀，图文并茂、神采飞扬、气势恢宏、催人向上。

4. 试卷的主要特色

· 重视价值引导，强化德育功能。

· 关注重大主题，突出时代特征。

· 科学考查双基，培养核心能力。

· 贴近生活实际，地方特色浓郁。

· 尊重主体地位，彰显人文关怀。

· 关注考生发展，注重道德践行。

· 照顾不同学情，扩大选择空间。

· 材料新颖鲜活，语言生动优美。

· 坚持活而有度，开放规范统一。

· 奉行自主创新，回避任何成题。

5. 试卷追求的境界

· 定位科学，方向正确，前瞻性明，指导性强。

· 思想性深，人文性浓，实践性重，综合性广。

· 稳定性好，开放性高，地域性显，时代性彰。

· 以人为本，价值引领，养育人性，润泽生命。

- 能力本位，立意高远，平中见奇，匠心独具。
- 植根生活，观照生活，贴近生活，回归生活。
- 意料之外，情理之中，内涵丰富，经典原创。
- 准确无误，严谨规范，结构合理，张弛有度。
- 浑然天成，生机勃勃，师法自然，美轮美奂。
- 主题鲜明，生动形象，文约义丰，适切恰当。
- 主线分明，格调清新，质朴厚重，不偏不倚。
- 注重双基，难易适度，三维和谐，潜移默化。
- 视角新颖，鲜活生动，形神兼备，回味无穷。
- 活力四射，立体多元，秀外慧中，典雅端庄。
- 多姿多彩，灵动深邃，意象万千，文采飞扬。
- 亮点纷呈，风采独秀，楚楚动人，芬芳绽放。
- 发人深省，令人震撼，引人入胜，催人向上。
- 图文并茂，气势恢宏，诗情画意，优美流畅。
- 思路独特，设计精妙，注重践行，学以致用。
- 理念先进，情真意切，关注发展，导航成长。

6. 试题的命题要诀

新《课标》里面找考点，即命题中所考查的主干知识和核心内容不是依据某一版本的教材，而是依据课程标准的。

教材里面找观点，即试卷中所用的观点、知识，以及参考答案的语言表述，与教材相对比较一致，而非生搬硬套一些政策、文件等，其目的是贴近学生。

时政里面找热点，即命题要贴近时代，就必须结合当年的社会热点，而这些是与当年的时政紧密相关的。这些时政热点的选取要讲究导向正确、贴近学生生活等。

报刊(权威报刊)里面找素材，即试卷中使用的背景材料要有准确的出处，一般要选用《人民日报》《中国青年报》《河南日报》等比较权威的报刊，以避免表述不严谨、数据不准确、措辞有问题等情况的出现。

相关资源找链接，即试卷中涉及的话题可能涉及方方面面，这时候就需要链接相关资源。比如对河南省的地方时政考查时，可能涉及乡土文化等，这些都可以作为命题的素材或者考查点。

核心内容找综合，即试题所考查的内容不能是单向的、简单的，必须是综合的，同时综合的内容要突出核心内容，不能为了综合而考查偏难怪题，或偏离学科主干知识。

生活里面找依据，即试题的切入点、侧重点，以及所考查的学生能力，要贴近生活，特别是学生的学习、家庭、社会生活，要依据学生这些生活空间的扩展程度、所需要素等来命制试题。

现象里面找本质，即命题的思路是透过现象看本质，其目的是考查和培养学生理论联系实际，综合运用所学知识分析问题、解决问题的能力。

理念（命题理念）里面找支撑（遵循），即命题理念在探索、实践中成熟后，要坚持，并使得理念支撑试题的素材选取、问题设置、答案编制，从而更好地引领教育教学改革。

精神（党的路线、方针、政策）里面找方向，即试题的视角、选材、导向要与党的路线、方针、政策保持高度一致，甚至具有一定的前瞻性，从而更好地体现学科的思想性、教育性。

知道它的长处

河南省中招考试作为学业评价的成功典例，证明了考试这种评价方式并非是完全枯燥、刻板、机械的，如果能够在命题理念、思路、方法上不断突破，也可以使其成为贯彻新课改精神、促进素质教育、实现思想品德学科教学目标有效达成的重要手段。

（三）学生评价结果的科学运用

评价对于教学的有效性和深化教育改革具有重要意义。要求评价理念要新颖，评价方式方法要科学，评价功能、目的的定位要准确和清晰，同时，要求评价结果的呈现方式要恰当，评价结果的运用要讲究。

1. 有选择地呈现评价结果

在多种评价方式中，有的评价属于形成性评价、描述性评价，这样的评价，要及时呈现，只有这样，才会发挥更好的作用。当然，这些公开呈现的评价，应该以激励、肯定、建议为主，而不宜为否定和批评。对于学业水平测试的评价结果，呈现时更要注意场合和时机，甚至需要保密。但对于试卷中反映的问题要正视，要以这些问题的解决为评价的主要目的，以此帮助学生提高认识、端正态度、改进学习、不断成长。

2. 正确使用评价结果

对于形成性评价和表现性评价而言，评价与教学过程是相互融合的，评价到位，教学效果则水到渠成、润物无声，所以无须刻意地把评价与教学分隔开来进行。对于阶段性的评价，如果需要学校、家长共同配合，共同促进学生成长，可以把结果策略性地公开，并恰当运用。在成长记录袋中给学生的评语、学生的期末考试成绩等，这样的结果反馈只要客观、公正，有利于家校共同形成合力帮助学生发展进步，因此也可以在一定范围内公开。

三、促进个性发展的学科教学评价策略

(一)思想品德教学评价的改革趋向

根据国家教育质量综合评价改革的要求，面对当前我国教育改革发展的形势和需要，思想品德学科教学评价也必须走绿色评价之路。

1. 评价方式上的变化

一是强调注重全面客观地收集信息，根据数据和事实进行分析判断，将评价建立在大量数据支撑和科学分析的基础上，改变过去主要依靠经验和观察进行评价的做法。

二是强调注重考查学生进步的程度和学校的努力程度，改变过去单纯强调结果不关注发展变化的做法。

三是强调注重促进学校建立质量内控机制，改变过于依赖外部评价而忽视自我诊断、自我改进的做法。

2. 评价方法上的变化

一是强调现代评价方法的运用，主要是通过测试和问卷调查等方法进行评价，辅之以必要的现场观察、个别访谈、资料查阅等，提高评价的科学性。

二是强调面向学生群体采取科学抽样的办法，改变统考统测的做法，避免加重学校和学生负担。

思想品德学科教学评价要有效，就必须逐渐实现绿色、本真，能够在实现课程目标的基础上，促进学生个性发展、持续发展，也促进教师专业成长、学科建设不断优化。

(二)思想品德教学中发展性评价的实施策略

我们应该更加清晰地认识到在思想品德教学中实施发展性评价的必要性，它不仅是教育评价改革的基本方向，也是推进思想品德课程改革、加快学科建设和发展、提升学生相关素养必不可少的杠杆和手段。

1. 依据教学目标确定评价任务

明确教学目标是实现有效评价的前提和基础。一节课的教学目标的最根本的来源是新《课标》。所以，要进行有效评价，就必须首先明确新《课标》对本课内容和目标有着怎样的规定和要求，并能够将这些要求进行细化和分解。

例如：新《课标》“交往的品德”的第一课程内容是：“体会父母为抚养自己付出的辛劳，孝敬父母和长辈。增强与家人共创共享家庭美德的意识和能力，促进代际文化的交流与互动。”该内容在教材中要在多节课中学习，而每节课因为时间有限、学生基础不同，所以达成的目标是不一样的。因而教师要根据自己所教学生的实际情况进行目标细化分解，并确定出每课时可以完成、可以检测和评价的学习目标。对目标的表述，既要涉及知识与技能目标，也要有过程与方法目标，更要有情感·态度·价值观目标。

案例指引八：人教版"难报三春晖"的教学目标①

目标1，通过情境体验，能够体会父母为抚养自己付出的辛劳。

目标2，通过了解模范人物事迹，能够结合教材说明孝敬父母的重要性，增强孝敬父母的意识。

目标3，通过同伴交流，知道如何孝敬父母并在日常生活中践行。

上述目标的特点是具体、可检测，且依据学情，兼顾了三维目标。

目标确立好后，就要设计相应的评价任务。因为只有目标，没有评价，那目标的达成与否就不可知。而评价任务的设计要与目标高度一致，且要体现发展性评价的基本理念和要求。例如目标一，要评价学生是否能够体会到父母为抚养自己付出的辛劳，就必须借助于活动，或问题设置，所以评价任务的确立就是要设计或安排相应的教学活动，或者教学环节，如让学生回忆并说出父母为自己所做过的事，并谈谈自己的感受。这就是一项评价任务，学生在完成这项任务的过程中表现和展示了自己对父母付出的理解、肯定和感动，依此，该课的评价目标可以设计为：

回忆父母关爱自己的温馨片段，并谈谈自己的感受。（评价目标1）

观看全国道德模范的故事，总结出孝敬父母的意义。（评价目标2）

与同伴分享、交流自己在日常生活中孝敬父母的表现，并归纳出孝敬父母的正确做法。（评价目标3）

设计一个孝敬父母的行动方案。（评价目标1、2、3）

2. 评价设计先于教学设计

大多数教师在教学设计中遵循的一般程序是阅读教材、查阅新《课标》、分析学情、确立目标、设计教学环节、制定检测任务、安排作业。但有效教学的评价必须前置，也就是说评价设计应该置于教学设计之前。由于评价任务本身就是教学环节的一部分，所以只有将其前置，才能保证目标、评价、教学是一致的，才能促进教学目标的有效达成。评价设计先于教学设计。这样做的目的是将评价有机地融入教学过程，充分体现和考虑教学中评价的监控、调整、促进、激励、发展、教育作用，并使评价设计与教学目标匹配、一致。

3. 评价镶嵌在教学过程中

评价不再是单列的、僵硬地出现在课堂上，而是随着教学活动的展开而展开，随着教学活动的推进而实施的。

---

① 引自华东师范大学出版社《基于标准的课程纲要和教案》。

案例指引九：人教版“难报三春晖”的教学过程[①]

表 5-1　教学过程

	学生活动	教师活动	教师评价指导要点
环节 1——爱的体验	观看动画，体会父母养育恩情。	①播放动画片：《苹果树的故事》。 ②用深情的语气旁白，营造氛围。	观看投入，用心体验。
环节 2——爱洒心间	①回忆父母关爱自己的温馨片段，感受父母恩情。 ②完成评价目标 1。	①请学生回忆父母关爱自己的温馨片段。 ②请学生用自己的语言说出对父母养育之恩的感受。	①回忆也可以是完整事件或难忘的瞬间。 ②回答应有感情，能理解父母的无私付出。
环节 3——美德传承	①观看视频。 ②自主阅读教材后完成评价目标 2。	①播放视频——全国道德模范候选人谢宇慧的事迹。 ②提出问题：我们为什么要孝敬父母呢？	要从亲情的回报、传统美德、法律义务等角度回答，对容易忽视的法律义务角度，要注意点拨、完善。
环节 4——爱的天职	①与同伴分享交流自己在日常生活中孝敬父母的表现。 ②观看感恩父母四大法则。 ③完成评价目标 3。	①提出问题：你在日常生活中是如何孝敬他们的呢？让学生组内分享。 ②展示感恩父母四大法则。 ③引导学生全面归纳。	①做法应该具体，比如帮妈妈做洗碗、拖地等家务活。 ②总结：孝敬父母包括物质赡养、精神赡养、不愚孝不盲从等方面。
环节 5——爱要行动	阅读并思考范例。	①展示范例，请学生参考。 ②学生设计时，巡视指点。	要进行课后追踪，期末上交，并有家长评语。

在教学过程中，评价有机地镶嵌在教学中，与教学活动相互融合、相互促进，共同为学生成长、课程目标的达成起到了重要的推进作用。

从案例指引八和案例指引九可以看出，良好的评价需要综合运用多种评价方式。

首先，本节课的评价主体多样。本节课教学中除了教师作为评价主体外，学生也参与了评价。比如环节 2 中“回忆父母关爱自己的温馨片段，感受父母恩情。”学生在回忆和谈感受中，首先有一种自我评价，然后才有教师的引导和评价；环节 4 中同伴分享交流，还有同学之间的互评，即他评。由此可以看出评价主体是多

① 引自华东师范大学出版社《基于标准的课程纲要和教案》。

元的。

其次，本节课的评价方式多元。教学进程中教师通过情境体验让学生谈感受，然后进行引导、评价，这体现了教师对于学生的描述性评价；教师根据学生谈感受时的表现进行点评、指导，体现了表现性评价；学生在回答问题，或展示思考、交流成果后，师生共同判断、矫正，并进行归纳、总结，这是诊断性与形成性评价相互作用的过程；此外，教学中教师还大量使用了质性评价，即教师通过描述性、解释性的语言来实现对学生的行为或表现的判断，即肯定或否定。

最后，评价的目的在于促进学生发展。思想品德学科特色浓郁，三维目标水乳交融，教学过程与评价过程相互融合，教学效果水到渠成。在上述案例中，教学没有生硬的说教，没有填鸭式的强塞，而是依据目标和学情，在边教学边评价的和谐氛围中，学生在体验中感悟，在感悟中提升，在提升中成长，完成了一次对孝敬父母、与父母和谐相处的情感涤荡和方法指导过程，也历练了自己，升华了自己。这样的评价，不是为了甄别和选拔而进行的评价，也不是为了把学生划分等次而进行的评价，相反，通过评价，每个学生都可以收获自身的感受，都可以完成一次成长，评价的激励、促进、教育、发展作用也就自然而然地得以发挥。

当然，发展性评价的实施可以通过更多更有效的方式，也可以在更多的教育教学领域中开展，相信随着广大教师的理念不断更新，研究不断深入，发展性评价在思想品德学科教学中一定会发挥更大更好的作用。